Mechthild Schroeter-Rupieper

In deiner Trauer getragen

Trost finden
in Zeiten des Abschieds

INHALT

Vorwort 7
1 | Wenn die Diagnose da ist 10
2 | Jede Minute zählt 21
3 | Abschied nehmen vom Sterbenden 27
4 | Was ist zu tun, wenn jemand verstorben ist?............ 54
5 | Bestattung und Beerdigungsfeier 68
6 | Gib der Trauer in dir Raum 84
7 | Memento mori 100
8 | Warum wir mit Kindern ehrlich
    über den Tod sprechen sollten 109
9 | Wenn Trauer ins Stocken gerät 121
10 | Männertrauer................................... 139
11 | Trauer und Suizid 148
12 | Trauer und Tabus 165
13 | »Wenn ich doch nur ...«
    Schuldgefühle bei Hinterbliebenen 173
14 | Wie wir widerstandsfähig werden 180

Nachwort 187
Danke 188

VORWORT

Vor einiger Zeit habe ich mir für meine Arbeit als Trauerbegleiterin ein Holzherz anfertigen lassen. Es ist etwa handtellergroß, vorne rot, auf der Rückseite blau bemalt. Das Herz lässt sich in der Mitte teilen. Beide Hälften werden von einem Magneten zusammengehalten.

Ich hole es hervor in Momenten wie diesen: »Ich glaube, mein Herz ist gebrochen«, erzählt die Witwe. »Es tut so weh!« Dabei legt sie die Hand auf die linke Brust. Ihr Mann ist vor wenigen Wochen unerwartet gestorben, und der Schmerz hat sie völlig überwältigt. Jetzt sitzt sie bei mir in der Trauerbegleitung und sagt: »Wie soll ich das nur aushalten? Bei der Vorstellung, den Rest meines Lebens ohne ihn zu verbringen, bekomme ich kaum Luft. Manchmal wünsche ich mir«, und bei diesen Worten geht ihr Blick an die Wand hinter mir, »dass ich auch bald sterbe. Dann wäre ich endlich wieder bei ihm, und dieser Schmerz würde aufhören.« Tränen laufen über ihr Gesicht. Mit dem Handrücken wischt sie die weg und schaut mich an: »Ist dieser Albtraum irgendwann vorbei?«

Ich reiche die Schale mit Taschentüchern zu ihr hinüber und warte einige Momente, in denen die Frau Gelegenheit hat, ihre Tränen abzuwischen. Als ich sicher bin, dass diese kleine Pause ausreichend ist, beginne ich zu sprechen.

»Alles, was wir lieben, befindet sich in unserem Herz.« Ich streiche mit der Handfläche über das Holzherz, das im Laufe der Zeit kleine Risse und Macken bekommen hat. »Es können Menschen sein, Tiere, der Beruf ... ganz egal. Wenn etwas, das mir wichtig war, abhandenkommt, hinterlässt das Spuren. Ich spüre diesen

Verlust, emotional und körperlich: Der Magen zieht sich zusammen, das Herz stolpert, es verschlägt mir die Sprache. Und verliere ich etwas, das mir nicht nur wichtig war, sondern das ich von ganzem Herzen geliebt habe: In solchen Situationen fühlt es sich an, als würde das Herz zerbrechen.«

Mit diesen Worten breche ich das Herz auseinander. »Dann scheint alles in uns in Scherben zu liegen: Wir können nicht mehr denken, nicht mehr schlafen, sehen das Gute nicht mehr, das uns umgibt. In solchen Momenten glauben wir oft, dass der Schmerz nie mehr aufhört!«

Die Frau nickt.

»Aber das stimmt nicht. Ein gebrochenes Herz ist nicht das Ende. Wenn wir etwas verlieren, das wir von ganzem Herzen lieben, kommt nicht das Ende, sondern die Trauer.«

Jetzt drehe ich die beiden Teile um und halte zwei blaue Tränen in der Hand.

»Aber die Trauer ist nicht nur einfach Traurigkeit im Schmerz. Sie ist auch eine Kraft, die etwas in uns verwandelt. Wenn wir die Trauer zulassen, dann nimmt sie uns den Schmerz. Ganz langsam nur, aber dafür stetig. Es kann dauern, und bis es so weit ist, ist es nicht leicht. Aber wenn wir traurig sind, so wie Sie gerade, und diese Trauer nicht verdrängen, dann wird am Ende Heilung eintreten. Dann bleibt die liebevolle Erinnerung an den Gestorbenen zurück. Es wird sich eine Narbe bilden, die nie ganz verschwinden wird. Manchmal ist sie ein Leben lang empfindlich. Aber vor allem bleibt die Liebe!«

Mit diesen Worten drehe ich die Tränen um, füge die beiden Teile zusammen und halte wieder ein Herz in der Hand.

»Jeder Mensch trägt Narben mit sich, die er im Laufe des Lebens – oder sollte ich vielleicht besser sagen: im Laufe des Liebens? – erlitten hat. Sie sind der Preis für all das Gute, das wir geschenkt bekommen haben. Natürlich wird das Leben nach solch einem Verlust nicht mehr so wie vorher. Es wird anders sein. Aber es kann eben auch anders gut sein!«

Die Frau putzt sich die Nase und nimmt das Holzherz in die Hand. Sie bricht es auseinander, dreht es um und setzt es wieder zusammen. Sie lächelt. Ja, sie hat noch einen langen Weg vor sich, ganz sicher. Aber das darf auch sein, wenn man einen Menschen verloren hat, den man von Herzen liebt. Und wenn jemand so offen und ehrlich trauert und sich in den schwierigen Momenten Hilfe sucht, so wie sie mit ihrem Besuch heute hier bei mir, dann schafft man es auch, den Verlust zu bewältigen. Da bin ich sicher.

In diesem Buch erzähle ich Geschichten von der Trauer, meist aus meiner Arbeit als Trauerbegleiterin. Ich versuche, etwas von der Erfahrung weiterzugeben, die ich im Laufe der Jahrzehnte gesammelt habe. Und ich stelle Ideen vor, eigene und solche, die schon andere vor mir hatten, aber die mir in meiner täglichen Arbeit eine Hilfe sind und die ich als wertvoll erlebt habe.

Mein Anliegen mit diesem Buch ist es, die Trauer als das vorzustellen, was sie wirklich ist: eine gute Freundin, die uns dabei helfen will, den Schmerz zu verarbeiten und wieder neuen Lebensmut zu bekommen. Wir dürfen sie nicht wegschicken, ihr nicht aus dem Weg gehen, wenn wir wieder heilen wollen.

Ich wünsche Ihnen, dass sich die Hoffnungen, die Sie mit der Lektüre verbinden, erfüllen.

Ihre Mechthild Schroeter-Rupieper

Kapitel 1

WENN DIE DIAGNOSE DA IST

»Nein, nein, nein! Das glaube ich nicht! Das kann nicht wahr sein!« Diese oder ähnliche Worte sind meist das Erste, was in einem Menschen aufkommt, wenn er eine tödliche Diagnose mitgeteilt bekommt. Angehörige und Freunde, die davon erfahren, reagieren ähnlich. Am liebsten würden die Betroffenen einfach weglaufen, weit weg von allem. »Es war wie im falschen Film«, sagen viele rückblickend. Man ist fassungs- und sprachlos, verwirrt oder einfach leer. Manche vergießen keine einzige Träne, bei anderen hören sie gar nicht mehr auf zu laufen. Die einen versuchen, das Gehörte zu verdrängen, andere stellen Fragen über Fragen.

In den folgenden Tagen, Wochen und Monaten können Gefühle wie Gereiztheit, Wut, Enttäuschung, Schuldfragen und Schuldzuweisungen auftreten. Wichtig ist: Jede Reaktion ist in Ordnung. Es geht jetzt erst einmal darum, es »sacken zu lassen«, es zu verstehen und anzunehmen. Dafür hat jede und jeder einen eigenen Weg.

Auch die Art und Weise, wie Betroffene die ersten Tage nach der Diagnose verbringen, ist sehr unterschiedlich. Die einen gehen es direkt an: Sie machen einen Termin beim Notar, kümmern sich um ihre Sterbeversicherung und klären die letzten Dinge. Andere ziehen sich erst einmal zurück, brauchen Ruhe und Zeit für sich, um das Gehörte zu begreifen und wieder reaktionsfähig zu werden. Wieder andere verdrängen alles, versuchen, ihren Alltag trotz der verlorenen Normalität möglichst normal zu leben, und bemühen sich, der Wahrheit noch ein paar Tage davonzulaufen.

Wieder eine andere möchte stark sein, vor sich und anderen keine Schwäche zeigen und verliert dadurch an Kraft. Der eine sucht die Nähe des Partners, die andere gerade nicht. Dem einen ist es wichtig, weiter arbeiten zu gehen, die andere holt sich möglichst viele Informationen, um sich auf die letzten Monate vorzubereiten.

Wie gesagt: Jeder reagiert anders. Und jede Reaktion ist richtig!

Sterbephasen nach Kübler-Ross

Die bekannte Psychiaterin und Sterbeforscherin Elisabeth Kübler-Ross spricht von fünf Sterbephasen, die schwer kranke Menschen durchlaufen können – allerdings nicht unbedingt in der benannten Reihenfolge. Manchmal kommt es auch zu Umwegen oder Rückschlägen, einzelne Phasen können wiederholt werden. Das kann etwa nach hoffnungsvollen Zeiten geschehen, in denen die oder der Betroffene wieder begonnen hat, auf Heilung oder zumindest ein längeres Leben zu hoffen.

Ich möchte Ihnen diese Phasen kurz vorstellen. Unbedingt möchte ich aber darauf hinweisen, dass das Sterben – ebenso wie das gesamte Leben – von der Persönlichkeit und der Lebenssituation beeinflusst wird und immer individuell ist. Kein Mensch ist wie der andere. Bei Menschen, die sich im letzten Stadium ihres Lebens befinden, können sehr unterschiedliche Gefühle und Reaktionen aufkommen, wenn es um den Abschied geht. Daher gibt es nicht *den* präzisen Ablauf der Sterbephasen. Angehörige und Sterbebegleiter sollten das Leben und Sterben des Erkrankten nicht auf starre Phasen reduzieren.

Die Phasen können jedoch für den Betroffenen selbst wie auch für die Angehörigen, die mit in den Sterbeprozess eingebunden sind, eine Orientierungshilfe sein in der Zeit nach der Diagnose.

Meist gibt es vor der Diagnose eine Vorahnung. Sie ist der Grund, warum Sterbende zum Arzt gehen. Manche wiederum ahnen, dass etwas nicht in Ordnung ist, schieben den Besuch deswegen lange vor sich her. Wenn dann eine lebensbedrohliche Erkrankung diagnostiziert wird, beginnt die erste Phase.

Phase 1: Schock und Verleugnung (Nicht-wahr-haben-Wollen, Verneinung der Tatsache)

Schwer erkrankte Menschen, die über ihre tödliche Krankheit informiert werden, reagieren oft wie unter Schock. Sie wollen nicht glauben, was sie gehört oder gelesen haben. Sie fühlen sich in dieser Situation verzweifelt, alleine und hilflos.

Erkrankte lehnen den Gedanken an den Tod und die Auseinandersetzung mit ihm ab. Sie weigern sich, sich damit zu beschäftigen, und leugnen ihn. Diese Trauerphase bildet den eigentlichen Anfang des Trauerprozesses. Sie kann wenige Stunden, oft aber auch Tage oder sogar mehrere Wochen dauern.

Phase 2: Einsetzen der Gefühle, Auflehnung, Fragen und Aggressionen

Die zweite Phase ist die der Fragen nach dem Warum, Weshalb und Wieso. Sterbende haben ihre Diagnose verstanden und erleben unterschiedliche emotionale Reaktionen. Sie reagieren negativ auf ihre Umwelt, beschimpfen möglicherweise gesunde Personen, weil sie ruhelos werden durch die Frage: »Warum trifft es ausgerechnet mich?« Der Betroffene wird schließlich aggressiv und wütend. Zorn und Neid auf alle Weiterlebenden können auftreten. Betroffene stellen die Vermutung an, dass es wahrscheinlich niemanden auf der Welt kümmert, dass sie sterben. Schwarzer, verletzender Humor kann sich breitmachen. Das Pflegepersonal und nahestehende Angehörige werden manchmal verbal angegriffen und verletzt.

Phase 3: Verhandlung

Der Mensch beginnt in dieser Phase, sich mit seinem Tod auseinanderzusetzen. Er versucht, mit Ärzten oder Gott zu verhandeln, also mit denjenigen, von denen er glaubt oder hofft, dass sie ihn noch heilen oder ihm zumindest einen Aufschub gewähren können. Dann wünscht er sich, bestimmte Ereignisse – zum Beispiel die Hochzeit eines Kindes – noch mitzuerleben.

Phase 4: depressive Verstimmung, Niedergeschlagenheit
Todkranke spüren jetzt die Symptome und Konsequenzen der tödlichen Krankheit immer mehr und verfallen in eine depressive, hoffnungslose oder auch apathische Stimmung. Sie bereuen es, bestimmte Dinge im Leben versäumt zu haben, hadern mit falschen Entscheidungen. Das ist oft aber auch Antrieb, sich um letzte Dinge wie das Testament oder die Versorgung ihrer Liebsten zu kümmern.

Phase 5: Annahme und Abkopplung von der Umwelt
Die fünfte und letzte Sterbephase nach Kübler-Ross ist die der »Akzeptanz«. Jetzt hat der Erkrankte seinen baldigen Tod akzeptiert und angenommen. Häufig ist in dieser Phase, die nicht alle Sterbenden erreichen, zu beobachten, dass sie sich nach Innen zurückziehen und sich von der Außenwelt abkoppeln.

Warum Sterbende mit den Angehörigen reden sollten

Wie auch immer jemand reagiert, eines ist dabei, vor allem zu Beginn, wichtig: Der Betroffene sollte möglichst mit seinen Angehörigen offen über die Situation sprechen! Der Drang, die schlimme Botschaft erst einmal für sich zu behalten, ist verständlich. Es ist nicht leicht, über das Sterben zu sprechen. Vor allem nicht über das eigene. Und doch ist meine Erfahrung, dass es schwer ist, die Situation schönzureden oder gar zu verheimlichen. Ungute Geheimnisse lassen meist nur Unheil folgen.

Oft rechtfertigen wir unser Schweigen mit scheinbar guten Motiven: Wir meinen, den Angehörigen dadurch Leiden zu ersparen, wollen ihnen »so etwas Furchtbares« nicht zumuten. Es reicht doch, wenn wir selbst geschockt sind, das müssen wir ihnen doch nicht auch noch antun. Aber wenn wir ehrlich sind, steckt meistens etwas ganz anderes dahinter: Angst! Fragen kommen hoch: Wie kann ich mit der ausgesprochenen Wirklichkeit umgehen, die ich dann selbst nicht mehr ignorieren kann? Wie werden sie es aufnehmen? Werde ich anschließend nur noch der »arme Sterbende« sein, mit dem man besonders vorsichtig umgehen muss? Werde ich das Mitleid aushalten können? Kann ich es ertragen, wenn sie meinetwegen weinen?

Muten Sie es als Betroffener Ihren Liebsten zu, mit dem Schmerz fertigzuwerden. Trauen Sie ihnen zu, dass sie die Situation meistern. Die Erfahrung zeigt, dass die meisten Angehörigen das gut hinbekommen und lernen, mit dem Sterben umzugehen. Oft besser als vermutet.

Schweigen kann schlimme Folgen haben, wie die Geschichte von Steffi zeigt.

Steffi war 38 Jahre alt, als bei ihr Krebs diagnostiziert wurde. Eigentlich galt er als unheilbar, doch die Ärzte wollten ein neu auf den Markt gekommenes Medikament bei ihr ausprobieren. »Ohne Hoffnung lebt es sich so schlecht«, sagte Steffi sich und klammerte sich an diesen Strohhalm. Mit ihren Eltern und ihrem Mann besprach sie die Situation, beschloss aber gleichzeitig, den Kindern nichts zu sagen. Sie waren 11 und 15 Jahre alt, und Steffi wollte sie nicht beunruhigen. Noch gab es ja Hoffnung! Ihrem Ehemann und den Eltern verbat sie ebenfalls, die Kinder einzuweihen.

»Mama, bist du sehr krank?«, fragte die elfjährige Tochter nach einem der vielen Krankenhausbesuche der Mutter. »Ach was, ich bin bald wieder gesund«, antwortete die Mutter und versprach der Tochter sogar, immer ehrlich zu ihr zu sein.

Ob der 15-Jährige etwas ahnte? Er stellte keine Fragen. Nicht der Mutter, nicht dem Vater, nicht den Großeltern. Stattdessen zog er sich immer häufiger hinter den Computer zurück und wurde noch wortkarger, als er es ohnehin schon war.

Einige Monate später war klar: Die Mutter kann nur noch palliativ behandelt werden. Die Medikamente dienten von nun an der größtmöglichen Schmerzfreiheit, würden sie aber nicht mehr heilen können. Doch auch jetzt wollte Steffi den Kindern nichts von ihrem Zustand erzählen.

Den Mann, der die Sache zwar anders sah, aber seiner todkranken Frau nicht in den Rücken fallen wollte, brachte dieser Entschluss in eine große Not: Er sah jeden Tag die Ängste, Fragen und Reaktionen seiner Kinder, ohne etwas dagegen tun zu können.

Eines Abends fragte die Tochter die Eltern ganz direkt, ob die Mama wieder gesund werden würde.

Schweigen.

»Ich weiß es nicht«, sagte der Vater und schaute seine Frau an.

Auch die Mutter antwortete nur ausweichend.

Da begann die Elfjährige, die spürte, dass die Eltern ihr etwas verheimlichten, zu weinen und zu schreien. »Warum sagst du nicht einfach die Wahrheit? Du hast es doch versprochen!«

Die Situation wurde schlimmer und schlimmer. Die Tochter wurde den Eltern gegenüber immer patziger, in der Schule konnte sie sich kaum noch konzentrieren und geriet mit ihren Freundinnen immer häufiger in Streitereien.

Die Mutter, die mit ihrer eigenen Trauer beschäftigt war, nahm die Not der Tochter als Ärgernis wahr, was wiederum neue Frustration auf allen Seiten erzeugte. Der Vater versuchte, allen gerecht zu werden, indem er Streit schlichtete, neben der Berufstätigkeit im Haushalt mithalf, Geschenke machte ... aber weder forderte er Gespräche ein, noch sprach er selbst die Wahrheit aus.

Irgendwann ging es nicht mehr. Die Mutter rief bei mir in der Familien-Trauerbegleitung an und bat um Unterstützung für sich und ihren Mann. Wir saßen bei uns im Familien-Trauerbegleitungs-Institut, dem LAVIA-Haus, am Küchentisch und sprachen über die Gedanken, Sorgen, Gefühle und Ängste der Familie. Die Eltern verstanden, dass sowohl die Familienproblematik als auch die emotionale Entfremdung zwischen ihnen und den Kindern durch das Nicht-Informieren immer größer wurden. Dass Starksein nicht schweigen, sondern reden bedeuten kann.

Die Eltern, die Kinder und ich setzten uns einige Tage später im Wohnzimmer der Familie zusammen. Ganz ruhig erklärten die Eltern den Kindern, dass die Mutter nicht mehr gesund werden würde. »Es wird noch eine Weile dauern, bis sie stirbt«, sagte der Vater. »Aber zu verhindern ist es nicht mehr!«

Es war, als sei ein Damm gebrochen. Der 15-jährige Sohn weinte zum ersten Mal vor den Eltern, und der Vater nahm ihn in den Arm. Beiden liefen die Tränen hinunter. Der Sohn fragte, ob er seinem besten Freund davon erzählen dürfe. Er durfte. Wie gut, dass er auf einmal reden wollte. Reden musste.

Die elfjährige Tochter kuschelte sich seit Langem zum ersten Mal wieder an die Mutter, und der Vater musste ihr versprechen, kochen zu lernen, damit sie satt würden, wenn die Mama nicht mehr da wäre.

Alle lachten, obwohl es ja eigentlich kein lustiger Anlass war. Aber die Entspannung war so deutlich zu spüren.

Endlich konnte die Familie all den aufgestauten Druck herauslassen. Und das schaffte sogar in diesem eigentlich schweren Moment einen kleinen Raum für Fröhlichkeit. Vor allem hatte die Familie nun die Chance, die Zeit, die ihr blieb, ehrlich zu nutzen.

Hilfen annehmen

Scheuen Sie sich als Sterbender nicht, Hilfe anzufragen. Es ist nur natürlich, dass man in einer solchen Situation überfordert ist. Vielleicht kann die Nachbarin die Kinder einen Nachmittag nehmen, sodass Sie bei einem ausgedehnten Spaziergang mit dem Partner über alles sprechen können? Vielleicht tut es Ihnen gut, mit erfahrenen Seelsorgerinnen oder einem Trauerbegleiter über Ihre Ängste und Fragen bezüglich des Todes zu sprechen? Oder Sie verspüren den Wunsch, noch etwas Verrücktes zu machen, das Sie sich bis jetzt nicht getraut haben? In der Regel gibt es im Umfeld eines Sterbenden eine ganze Reihe von Menschen, die bereit sind, diesen zu unterstützen. Das können Freunde, Verwandte, Kollegen oder auch Fachleute sein. Hier ist falscher Stolz fehl am Platz.

Trauen Sie sich aber ebenso, gut gemeinte Angebote abzulehnen, wenn es Ihnen zu viel wird. Die 13-jährige Lena erzählte, dass in der Krankheitszeit der Mutter so viele Nachbarn ungefragt zubereitete Mahlzeiten vorbeibrachten, dass die Familie vieles davon heimlich in den Abfall werfen musste. Wie wertvoll wäre es gewesen, jemand aus der Nachbarschaft hätte in Absprache mit der Familie einen Essensplan gemacht!

Wie reagiere ich als Angehöriger eines Sterbenden?

Für die Angehörigen ist eine tödliche Diagnose oft ein ebensolcher Schock wie für den Betroffenen selbst. Viele sind verunsichert: Wie soll ich reagieren?

Lassen Sie dem Betroffenen den Freiraum, den er benötigt. Wie oben gesehen, sind die Reaktionen sehr unterschiedlich. Manche wollen direkt darüber sprechen, andere suchen eher den Abstand und müssen das Gehörte erst einmal für sich selbst begreifen. Zeigen Sie dem Betroffenen, dass Sie für ihn da sind, aber bedrängen Sie ihn nicht. Er darf selbst entscheiden, wann er reden möchte und wann nicht. Und wenn Sie ihn kennen, werden Sie wahrscheinlich auch die Reaktionen erahnen können.

Wenn es für den Betroffenen in Ordnung ist, reden Sie mit anderen offen über die Situation. Lassen Sie – vielleicht nach angemessener Frist – Ihr näheres Umfeld wissen, was geschehen ist. Sie werden überrascht sein, wie hilfreich die meisten Reaktionen sein werden.

Die eigenen Kräfte einteilen
Angehörige wollen für den Betroffenen da sein, ein Fels in der Brandung, wenn alles zusammenbricht. Das ist richtig und wichtig –

kostet aber auch viel Kraft. Das Dilemma dabei ist: Meist dreht sich nach der Diagnose alles um den Erkrankten: Gespräche, Hilfsangebote ... Dann ist die Gefahr groß, dass der Angehörige auf der Strecke bleibt. Er gibt und gibt, kümmert sich aufopferungsvoll, lässt sich zeitweise selbst krankschreiben – bis er nicht mehr kann. Bei Krebspatienten etwa entwickeln rund 30 Prozent (!) der nahen Angehörigen selbst ein behandlungsbedürftiges psychisches Leiden.

Wie kann man dem entgegenwirken?

Zunächst: Verfallen Sie nicht in das Denken, Sie müssten alles allein schaffen. Viele Hilfsangebote in Kliniken richten sich nicht nur an den Erkrankten, sondern auch an Mitbetroffene in dessen Umfeld. Nehmen Sie diese in Anspruch! Gönnen Sie sich immer wieder Dinge, die Ihnen guttun: Gehen Sie zum Sport, treffen Sie sich mit Freundinnen und Freunden zum Shoppen oder auf ein Bier. Manchmal geschieht es, dass der Freundeskreis selbst auf die Situation verunsichert reagiert und sich zurückzieht. Dann scheuen Sie sich nicht, sich aktiv zu melden und gemeinsame Unternehmungen einzufordern. In der Regel lösen sich solche Barrieren schnell auf, wenn die erste Verunsicherung vergangen ist. Es wäre zu schade, wenn eine Freundschaft daran zerbrechen würde, dass Unsicherheiten Sprachlosigkeit entstehen lassen und keiner einen Schritt auf den anderen zugeht.

Vor Beginn eines Seminars sitze ich alleine im Hotel am Frühstückstisch. Eine Frau betritt den Raum und unterhält sich mit der Bedienung. Sie erzählt von ihrem Mann, der nach einem Unfall im Nachbarort im Krankenhaus liegt. Sie spricht laut, schaut zwischendurch immer wieder mal zu mir herüber, kommt näher und fragt, ob sie sich zu mir setzen dürfe. Natürlich darf sie das.

Wieder erzählt sie von ihrem Mann. Vor vier Wochen ist er beim Skilaufen schwer gestürzt, lag zwei Wochen im Koma auf der Intensivstation und weitere zwei Wochen auf der Neurologie.

Neben Gehirnblutungen hat er zwei leichte Schlaganfälle erlitten. Dadurch leidet er unter leichten Wortfindungsstörungen.

»Ich mache mir wirklich große Sorgen um ihn. Dieser Unfall wird für ihn nicht ohne Spuren bleiben, hat der Arzt gesagt.« Bis zur Rente sei ihr Mann ein erfolgreicher Unternehmer gewesen. Zielgerichtet, sehr sportlich und diszipliniert. Er, der Erfolge durch eigene Leistung gewöhnt ist, muss auf einmal damit leben, eingeschränkt zu sein, und das in den einfachsten Dingen.

»Und für Sie wird auch vieles anders sein«, sage ich. Sie schaut mich an. Irritiert, als hätte ich ihre Gedanken gelesen. Ich spreche weiter: »Für die Angehörigen von kranken Menschen verändert sich ebenfalls vieles. Anders natürlich als bei dem Kranken, aber nicht unbedingt weniger schwer.« Sie nickt und hört weiter zu.

»Kranke Menschen sind oft auf sich selbst fixiert. Manchmal auch ichbezogen. Das hört sich vielleicht unfair an, aber Extremsituationen wie eine Krankheit oder Schmerzen bringen es mit sich, dass man sich selbst am nächsten ist und die Gedanken nur um den eigenen Zustand kreisen.«

Sie nickt. »Ja«, sagt sie, »so ist das! Momentan dreht sich alles um meinen Mann. Wenn ich besorgt um ihn bin und ihn mahne, vorsichtig zu sein, ist er verärgert, dass ich ihn zu sehr betüddle. Wenn ich mal meinen Freiraum brauche, fühlt er sich nicht genug betreut. Wenn er unglücklich ist wegen seines Gesundheitszustands, bekomme ich seinen Ärger und seine Trauer mit ab. Wehre ich mich gegen seine Vorwürfe, sagt er: ›Du hast gut reden! Du bist ja nicht krank!‹«

Nach einem solchen Unglück bedauern die meisten Menschen aus dem Umfeld natürlich den Betroffenen. Was dabei schnell aus den Augen gerät, sind die Folgen, die eine solche Situation auch für sein direktes Umfeld mit sich bringt. Bei einigen Angehörigen, die den Kranken von nun an pflegen, kann der Gedanke da sein: »Um Gottes willen! Was wird jetzt aus unserem gewohnten Leben? Was aus unseren Plänen?«

Es ist oftmals ein Tabu, über das die meisten nicht sprechen wollen, obwohl der Gedanke die Liebe zum Kranken keineswegs schmälert. Beides steht nebeneinander: die Zuneigung und die Schwere der neuen Situation. Ich erzähle der Frau, dass mir viele Angehörige von diesem Zwiespalt berichten.

»Ist das nicht egoistisch, in solch einer Situation an sich zu denken?«, fragt sie.

»Ja, aber Egoismus ist ja auch nichts Schlimmes. Vielleicht kann man die Bezeichnung ›Egoismus‹ in diesem Fall besser durch ›Selbstmitgefühl‹ ersetzen?«

Kapitel 2

JEDE MINUTE ZÄHLT

Wie nutzt man als jemand, dem bewusst ist, dass er bald stirbt, die verbleibende Zeit? Was tun, wenn die Spanne an Lebenszeit plötzlich überschaubar ist – wenige Wochen vielleicht, Monate, höchstens ein Jahr? Es gibt hier kein Richtig oder Falsch. Wichtig ist, dass Sie diese Zeit für das einsetzen, was Ihnen auf dem Herzen liegt. Ich kann aus meiner Erfahrung als Trauerbegleiterin einige Dinge nennen, die anderen Betroffenen guttaten:

- Klären Sie Dinge, die noch unausgesprochen zwischen Ihnen und Ihren Liebsten stehen.
- Nehmen Sie bewusst Abschied von Menschen, Orten, Hobbys – einfach allem, was Ihnen in Ihrem Leben wichtig war. Vielleicht verbinden Sie es mit einem Dankeschön in Worten oder Gedanken.
- Sprechen Sie mit Ihren Angehörigen über Ihre Beerdigung. Für diese ist es eine große Erleichterung zu wissen, wie und wo Sie beerdigt werden möchten.
- Gibt es noch Wünsche, die Sie sich gerne erfüllen möchten – alleine oder mit jemand anderem?
- Verfassen Sie eine Patientenverfügung. Es ist hilfreich, um Ihre Wünsche zu wissen, wenn es um Entscheidungen am Lebensende geht.
- Stellen Sie einem nahestehenden Menschen eine Vollmacht aus, damit dieser für Sie entscheiden kann, wenn Sie selbst dazu nicht mehr in der Lage sind. Das ist sehr wertvoll, wenn

wichtige Entscheidungen über die Behandlung getroffen werden müssen. Eine Generalvollmacht bedeutet, dass Sie jemanden beauftragen, Sie in allen rechtlichen Geschäften zu vertreten. Um diese ausstellen zu können, müssen Sie vollumfänglich geschäftsfähig sein. So können Sie vermeiden, dass ein Gericht im Falle Ihrer Geschäftsunfähigkeit die Betreuung übernimmt. Benennen Sie in der Vollmacht auch die Möglichkeit zum Widerruf, falls Sie feststellen, dass die beauftragte Person mit der Angelegenheit überfordert ist.

- Erstellen Sie als alleinerziehendes Elternteil eine Sorgerechtsverfügung für Ihre minderjährigen Kinder. Benennen Sie darin – nach vorheriger Absprache –, wer als Vormund die elterliche Sorge übernehmen soll. Hinterlegen Sie die Sorgerechtsverfügung gegen eine Gebühr beim Nachlassgericht oder Notar und behalten Sie für den benannten Vormund und sich selbst eine Kopie. Wenn Sie so vorsorgen, darf das Gericht nur in Ausnahmefällen zum Wohl der Kinder abweichend entscheiden.
- Sprechen Sie darüber, dass der Partner nach dem Tod wieder eine neue Partnerschaft eingehen darf. Das Eheversprechen gilt formell tatsächlich nur, »bis dass der Tod uns scheidet«. Damit es sich für den oder die Hinterbliebene richtig anfühlt, braucht es aber häufig noch einmal das Gespräch darüber.
- Verfassen Sie ein Testament. Es regelt die Fragen des Nachlasses und verhindert so Streit oder gar ein Gerichtsverfahren zwischen den Zurückbleibenden. Das gilt übrigens nicht nur für Sterbende, sondern auch für alle anderen. Vor allem jungen Menschen ist häufig nicht bewusst, wie wichtig das ist. Ohne ein Testament kann etwa der zurückbleibende Elternteil nicht alleine über den Besitz der gemeinsamen Kinder verfügen. Dinge wie ein Hausverkauf oder eine größere Anschaffung müssen dann jedes Mal mit dem Nachlassverwalter der Kinder abgesprochen werden, der vor allem auf deren finanzielles Wohl bedacht ist.

Ute, verwitwet und Mutter des 13-jährigen David, war 42 Jahre alt, als der Arzt ihr mitteilte, dass sie Krebs habe und ihr noch ungefähr fünf Monate blieben. Sie rief mich an und bat um ein Gespräch. Es war ihr klar, dass sie die verbleibende Zeit vor allem für ihren Sohn einsetzen wollte. Um Zeit mit ihm zu verbringen, aber auch, um sich darum zu kümmern, wo er leben würde, wenn sie nicht mehr da wäre. Das war ihre größte Sorge.

Ute bat mich, bei den Gesprächen mit der Familie dabei zu sein. Bald war klar, dass David in der Familie seines Patenonkels leben könne – eine große Erleichterung für sie und ihren Sohn.

Ute gestaltete die Situation auch darüber hinaus sehr aktiv: Sie sprach mit Davids Lehrern und informierte sie über ihre Krankheit. Sie schrieb ein Testament, verfasste eine Patientenverfügung und sprach mit ihrem Arbeitgeber. Sie wunderte sich selbst, wie gut es ihr gelang, das Notwendige zu tun. Auch darüber, dass sie weniger weinen musste, als sie gedacht hatte.

Durch ihren Sohn hatte Ute etwas zu tun, etwas, das sie davon abhielt, zu viel zu grübeln und sich von ihrer Situation überwältigen zu lassen. Sie funktionierte in dieser Krise, weil sie wusste, wie wichtig es für David war.

Erst nachdem sie alle letzten Dinge erledigt hatte, kam die eigentliche Trauer zutage: um den Verlust ihres Lebens und die Trennung von ihrem Sohn. Im Laufe der nächsten Monate erlebte sie gute und weniger gute Zeiten. Die guten nutzte sie für Minigolfspiele mit David und seinen Freunden, für den Besuch einer Schönheitsfarm, einen Ostseeurlaub und Restaurantbesuche. Aufgrund neuer Therapien lebte sie nach der Diagnose noch zweieinhalb Jahre.

Vier Jahre nach ihrem Tod hat David sein Abitur gemacht und arbeitet ehrenamtlich in der Kindertrauergruppe in unserem Trauerhaus mit. Als kürzlich eine Journalistin starb, die in einem großen Zeitungsartikel über seine Mutter berichtet hatte, schrieb er deren Kinder an, um ihnen sein Beileid auszusprechen. Diese Offenheit hat er durch den Umgang seiner Mutter mit dem Abschied und auch durch seine neue Familie gelernt. Es geht ihm tatsächlich gut. Er ist ein starker Typ.

Es ist wichtig, dass Angehörige die hinterlegten Entscheidungen akzeptieren und ernst nehmen. Dass das nicht immer selbstverständlich ist, zeigt folgendes Beispiel:

Jochen erleidet im Urlaub einen Herzinfarkt. Er wird von Ersthelfern reanimiert, behält jedoch schwere Schädigungen zurück. Nach seinem Aufenthalt auf der Intensivstation kommt er in eine betreute Wohngemeinschaft, eine sogenannte Beatmungs-WG. Dort verbringt er sein Leben als schwerer Pflegefall: geistig »voll da«, aber intubiert, bewegungs- und sprachlos.
Jochen hat eine Patientenverfügung hinterlassen. Sie besagt, dass er für einen solchen Fall keine lebensverlängernden Maßnahmen wünscht. Durch Augenbewegungen – die letzte verbliebene Möglichkeit zur Kommunikation – signalisiert er seiner Frau immer wieder, dass sie diese dem Pflegepersonal vorlegen soll. Doch sie möchte es nicht. Sie meint, sie würde damit das Todesurteil über ihren Mann sprechen, und ignoriert seinen Wunsch.

Manchen Sterbenden ist es wichtig, ihren Liebsten etwas zu hinterlassen, das sie auch nach ihrem Tod an sie erinnert.

Eine junge Mutter hinterlässt ihren Kindern Briefe, in denen sie ihnen erzählt, wie sie die Schwangerschaft, die Geburt und die gemeinsame Zeit erlebt hat. Solche Briefe können für die Kinder ein echter Schatz werden, wenn später die Zeit kommt, in der sie sich alleine fühlen.
Ein Vater hat seinen Kindern ein Hörbuch aufgenommen. Er liest ihnen das Buch vor, das früher immer die gemeinsame Gutenachtgeschichte war. »Damit sich meine Kinder später noch an meine Stimme erinnern.«

Die todkranke Karin druckt mit Stoffmalfarbe ihre Handabdrücke auf ein Kopfkissen. Wenn sie nicht mehr da sei, hätte sie über diesen Umweg die Möglichkeit, ihren Sohn Luca in den Arm zu nehmen, wenn er sich mutterseelenallein fühlt, erzählt sie mir. Und weil sie noch Farbe übrig hat, macht sie einen Handabdruck auf Herzhöhe auf die Innenseite eines Herren-T-Shirts. »Wenn Luca groß ist, dann kann er das T-Shirt anziehen, wenn er jemanden braucht. Vielleicht bei einer Mathearbeit. Niemand sieht es von außen, und er weiß, dass ich bei ihm bin.«

***

Als die Mutter ihrem Sterben entgegensieht, bittet sie ihre Töchter zu sich nach Hause. Sie öffnet ihre Schmuckschatulle und lässt die jungen Frauen sich Ketten, Ringe und Broschen aussuchen. Zu jedem Schmuckstück gibt es eine Geschichte, die den Wert des vorzeitigen Erbes noch um einiges steigert.

Den Tatsachen ins Auge blicken

Es gibt Sterbende, die ihre Situation nicht akzeptieren möchten und sich an den Gedanken klammern, dass sie doch noch geheilt würden. Das hindert sie daran, letzte Dinge zu regeln und offene Gespräche mit ihren Angehörigen zu führen. Mit dem immerwährenden Gedanken »Vielleicht morgen« bringen sie sich um einen guten Abschied. Oft schätzen sie die Situation falsch ein und sind sich nicht im Klaren, wie schnell der Tod kommen kann. Sie können sich meist nicht vorstellen, dass morgen ihre Kraft zu schreiben oder zu sprechen geschwunden sein kann und ihnen der Abschied dann nicht mehr möglich ist.

Als Angehöriger ist es wichtig, den Sterbenden nicht zu drängen, ihm nicht »die Wahrheit vor den Kopf zu hauen«, aber ihn andererseits auch nicht in seiner Sicht zu bestärken. Es geht darum, möglichst den Tatsachen ins Auge zu blicken. So wie Manuel.

Manuel ist 29 Jahre alt, Tischler und Student der Holz- und Kunststofftechnik auf Lehramt, als eine schwere Erkrankung diagnostiziert wird. Als er realisiert, dass er sterben muss, spricht er mit seiner Frau, den Eltern, seinen Freunden und Arbeitskollegen offen darüber.

Bewusst plant er mit seiner Familie die Trauerfeier und schreibt eine für sich passende Todesanzeige. Die alten Kollegen aus der Schreinerei bauen den Sarg nach seinen Vorstellungen und schicken ihm noch am Tag vor seinem Tod ein Foto davon. Manuel ist mit ihrer Arbeit sehr zufrieden.

Nachdem Manuel gestorben ist, haben alle seine Bekannten gemeinsam mit der Todesnachricht eine Einladung zur Beerdigung samt Auferstehungsgottesdienst mit anschließendem Kaffeetrinken erhalten. Manuel, ein Pfadfinder, hat sie selbst verfasst und ein Wegzeichen als Titelbild ausgesucht.

Das war seine Art, sich von den Menschen zu verabschieden, die ihm wichtig waren.

Und seine Familie und Freunde haben sich auch etwas ausgedacht: Noch heute, viele Jahre nach Manuels Tod, erscheint jedes Jahr an seinem Todestag eine Anzeige mit diesem Wegzeichen in der Tageszeitung. Ohne Kommentar ist es zu sehen, und alle, die Manuel kannten, erkennen es. Es ist ein Abschiedsritual, das Freunde und Familie für ihn weiterführen. Ein Ritual, das erinnert und verbindet.

Kapitel 3

ABSCHIED NEHMEN VOM STERBENDEN

Es ist wertvoll, Abschiede von Kindesbeinen an einzuüben: Sei es der Abschiedskuss und die Umarmung vor dem Schulweg, das Abschlusslied im Kindergarten, der Handschlag beim Auf-Wiedersehen-Sagen in einer Clique oder die Verabschiedung beim Begräbnis. Unser Leben lang müssen wir uns verabschieden: von Menschen, Orten, Berufen, Lebensphasen und vielem mehr. Und ganz am Ende müssen wir das Leben selbst loslassen.
Wohl dem, der es bis dahin gelernt hat!

In diesem Kapitel möchte ich einige Hilfen für die schwierige Situation des Abschieds an die Hand geben. Ich spreche dabei die Angehörigen an, aber falls es noch möglich ist, ist es sinnvoll, den Sterbenden in die Überlegungen miteinzubeziehen.
 Ein bewusster Abschied ist sehr viel wert. Für den Sterbenden zuerst. Aber auch für die Zurückbleibenden ist es ein wichtiger erster Schritt auf dem Weg der Heilung. Ein Abschied ist nie einfach. Der Umgang mit dem Tod löst viele Ängste aus, dazu Unsicherheit, Beklemmung. Von der Traurigkeit ganz zu schweigen.
 Wie kann ein guter Abschied gelingen?

Noch einmal sagen, was mir auf dem Herzen liegt

Eine Bekannte hatte mir erzählt, dass sie ihrem Vater am Krankenbett noch einmal »Danke« gesagt hatte für all die Dinge, mit denen er ihr Leben bereichert hatte. Das hatte Eindruck bei mir hinterlassen, und ich nahm mir vor, es ihr gleichzutun, wenn die Zeit des Abschieds von meinem eigenen Vater gekommen wäre.

Nun war es so weit. Mein Vater würde bald sterben. Er lag zu Hause im Krankenbett, wo wir Kinder – meine Mutter war zu dieser Zeit im Krankenhaus – im Wechsel Wache hielten. Vater war müde, schmerzfrei, wirkte ruhig, lächelte viel und fantasierte zwischendurch immer mal wieder vor sich hin. Ich saß auf einem Stuhl bei ihm. Wenn er nicht schlief oder döste, wechselten wir ein paar Worte. Jetzt war er wach, und ich wollte die Gelegenheit nutzen, um ihm zu sagen, wie gerne ich ihn hatte. Aber als ich den Mund aufmachte, merkte ich, wie sich meine Kehle zuschnürte und mir Tränen in die Augen stiegen. Ich wusste nicht, wie ich beginnen sollte. Es fiel mir schwer, Worte zu finden.

Ich hatte meinen Vater so gern, und er mich auch – da war ich mir sicher. Aber wir haben zeitlebens keine Liebesbekundungen ausgetauscht. Das war einfach nicht üblich gewesen. Mein Vater hat der Kriegsgeneration angehört. Als Jugendlicher war er gegen Kriegsende zu den Funkern geholt worden und dann in Gefangenschaft geraten. Er gehörte zu den vielen, die nicht über ihre Erfahrungen sprachen. Ebenso wenig wie über seine Gefühle. Das war typisch in dieser Generation, geschuldet einer Erziehung, einer Geisteshaltung, die noch aus dem Kaiserreich stammte. Aber seine Sprachlosigkeit war auch Folge der erlebten Gewalt. Das ist es, was Gewalt mit Menschen macht. Das ist es, was Krieg, auch noch nachwirkend, anrichtet! Ich habe mich bei ihm immer geborgen gefühlt, aber kann mich nicht daran erinnern, dass er mir jemals gesagt hätte, dass er mich lieb hat. Dass es so war, das wusste ich, auch ohne Worte. Das reicht doch, könnten jetzt andere sagen: Ja, es ist in Ordnung, darum zu wissen. Aber ausgesprochen bekommt es noch mal eine andere Qualität.

Damals, am Sterbebett meines Vaters, fasste ich schließlich doch noch den Mut, den es für meine Worte brauchte, und sagte zu ihm: »Vater ... weißt du, dass du mir ein so lieber Vater warst?« Ich – die ich meinen Söhnen noch heute, wo sie erwachsen sind, häufig verkünde, dass sie die drei besten Kinder der Welt sind und ich sie so unglaublich liebe; die ich so viel Liebe für viele Menschen in meinem Umfeld empfinde und das auch offen ausdrücken kann –, ich saß da und war froh und dankbar, dass ich wenigstens diesen einen Satz herausgebracht hatte.

Er schaute mich ganz, ganz lange an und antwortete nur: »Ach, wirklich, Mädchen?« »Mädchen«, das war seine Art der Liebkosung, ähnlich wie andere »mein Schatz« sagen.

Dann lächelte er und sagte erst mal nichts mehr. Auch in dieser Situation brachte er nicht mehr hervor. Und doch war es genug, brauchte es keine weiteren Abschiedsworte. Ich wusste, ich sah und spürte, was er fühlte, dafür hatten seine Worte und sein Blick gereicht.

Ich war so froh, dass ich es geschafft hatte, ihm noch einmal zu sagen, was er mir bedeutet!

Es ist wertvoll, wenn wir den Abschied noch einmal nutzen, um dem Sterbenden das zu sagen, was uns auf dem Herzen liegt. Ich habe das persönliche Beispiel vom Abschied meines Vaters erzählt, um zu zeigen, dass es besonderen Mut benötigen kann. Es ist keine Situation, der wir vorher schon häufig begegnet sind und in der wir wissen, was uns erwartet. Aber wenn wir uns überwinden, wirklich das zu sagen, was uns auf dem Herzen liegt, kann uns das ein Leben lang in guter Erinnerung bleiben.

Und noch etwas zeigt mir diese Begebenheit: Warten Sie nicht bis zum Sterbebett – Ihrem eigenen oder dem eines Angehörigen –, um zu lernen, über Ihre Gefühle zu sprechen. Wenn Sie merken, dass es Ihnen schwerfällt, beginnen Sie schon heute damit. Vielleicht starten Sie erst mal mit einer kleinen Geste? Damit, ein Herz per Whatsapp zu versenden? Sie werden sehen: Übung macht den Meister!

Jeden Tag besuchte Renate ihren Mann im Krankenhaus, saß die letzten Tage ununterbrochen an seinem Bett. Wie der sprichwörtliche Elefant im Raum war der nahe Abschied allgegenwärtig, und doch gelang es den beiden nicht, darüber zu sprechen. Die letzte gemeinsame Zeit verbrachten sie mit belanglosen Alltagsgesprächen, mit Filmen und Sudoku. Sie taten alles, um den Krankenhausalltag erträglicher zu gestalten. Die Angst vor der damit verbundenen Trauer verhinderte, die letzten Dinge anzusprechen.

Erst später erfuhr Renate, wie sehr ihr Mann sich um ihr Wohlergehen gesorgt hatte, wenn er einmal nicht mehr da wäre. Die Krankenschwester erzählte ihr, wie sie mit ihm gesprochen hatte: Renates Mann hatte ihr erzählt, wie sehr er Renate liebte und wie schmerzhaft es für ihn sei, sie zurücklassen zu müssen. Mit ihr selbst habe er darüber nicht sprechen können, weil er sie habe schützen wollen.

Auch Renate hatte nicht den Mut gefunden, seinen nahen Tod anzusprechen. Ihrem Mann zu sagen, wie sehr sie sich um ihn sorgte und wie traurig sie der Gedanke machte, nun ohne ihn leben zu müssen. Wie gerne hätte sie sich gemeinsam mit ihm noch einmal an die guten Zeiten erinnert, die sie zusammen erlebt hatten. Darüber gesprochen, sich erinnert, gelacht und geweint. Bis zuletzt hatte sie es nicht geschafft, ihn nach wichtigen Papieren zu fragen, die sie nach seinem Tod für Banken und Versicherungen benötigte.

All das bereute sie nun sehr.

Wenn man in seiner Sprachlosigkeit gefangen ist, kann es sinnvoll sein, sich Hilfe zu holen. Das kann ein Angehöriger, ein Freund oder auch ein professioneller Helfer sein, etwa aus dem Hospiz oder unterstützenden Einrichtungen.

Eigene Worte finden

Lotti ist 20 Jahre alt. Ihre Mutter liegt im Hospiz. Das Pflegepersonal hat ihr und ihrem Vater gesagt, dass die Mutter in den nächsten Tagen sterben wird. Lotti kann es nicht fassen. Sie steht am Fenster im Zimmer der Mutter, weint und sagt immer wieder: »Ich kann das nicht glauben! Meine Mama stirbt … ich will das nicht.«

Nach einiger Zeit nimmt eine Hospizschwester sie zur Seite und sagt zu ihr: »Lotti! Es wäre gut, wenn Sie Ihrer Mama sagen, dass sie gehen darf. Dann wird es ihr leichterfallen, loszulassen.« Lotti weint noch immer. Sie will es ihrer Mutter eigentlich nicht sagen, aber als die Hospizschwester sie weiter ermuntert, rückt sie ihren Stuhl an das Bett der Mutter und spricht ihr ins Ohr: »Mama, es ist okay für mich, wenn du gehst. Papa und ich werden klarkommen. Es ist wirklich in Ordnung.«

Ihre Mutter stirbt in dieser Nacht.

Monate später erzählt Lotti in der Trauergruppe, dass sie von ihrem schlechten Gewissen gequält wird. Sie sagt: »Wenn ich gewusst hätte, dass Mama anschließend wirklich so rasch stirbt, dann hätte ich ihr das nicht gesagt. Dass wir ohne sie klarkommen – das war gelogen. Ich hätte meine Mutter heute noch so gerne bei mir, bräuchte sie noch so oft … Mir ist klar, dass sie auch so bald gestorben wäre, aber jetzt habe ich das Gefühl, dass meine letzten Worte an sie nicht aufrichtig waren. Dass sie vielleicht gedacht hat, sie wäre mir nichts wert.«

Insbesondere in Abschiedszeiten, in denen jedes Wort sehr bewusst gewählt wird, ist es wichtig, dass wir ehrliche, eigene Worte finden. Worte, die unserer Beziehung zum Sterbenden ebenso entsprechen wie unserem eigenen Wesen.

Die Hospizschwester dachte sicher an das Wohl der Sterbenden. Doch dabei ließ sie das Wohl der Bleibenden außer Acht. Wie übergriffig war es, Lotti dazu zu überreden, diese Worte an ihre Mutter zu richten, ohne dass diese wirklich so empfand. Hätte jemand Lotti gefragt, wie sie sich verabschieden möchte, hätte sie vielleicht lieber andere Worte gewählt. Worte, die ehrlich und für ihre Mutter nicht weniger hilfreich gewesen wären: »Mama, ich hätte dich so gerne noch bei mir! Aber wenn du wirklich nicht mehr weiterleben kannst, dann wünsche ich dir, dass du keine

Schmerzen mehr haben musst ...« Oder: »Mama, wenn du wirklich sterben musst, dann will ich dir vorher noch hunderttausend Mal Danke sagen dafür, dass ...«

Als die Hospizschwester am Telefon sagte, dass es Zeit sei, sich von der Ehefrau und Mama zu verabschieden, fiel es dem Mann und den beiden fast erwachsenen Kindern schwer, sich auf diesen Moment einzustellen. Tausende unterschiedliche Gedanken gingen ihnen durch den Kopf: Wie verabschiedet man sich von der sterbenden Mutter? Was sagt man da? »Auf Wiedersehen«? Und schüttelt man sich dabei die Hände? Oder sagt man eher: »Ich will nicht, dass du stirbst?« Steht oder sitzt man am Bett? Ist es in Ordnung, wenn ich weine, oder soll ich versuchen, mich zusammenzureißen?

Ich hatte die Familie während des Trauerprozesses begleitet, und sie riefen mich an und baten um Unterstützung beim Abschied. Wie kann man voneinander Abschied nehmen, ohne dass es zu steif, zu sprachlos oder komisch ist, war die Frage. Und in den Überlegungen kam mir eine Idee: »Kommt, wir machen es so wie am Muttertag«, schlug ich der Familie vor. »Überlegt euch Dinge, die ihr an der Mama gerne habt. Was ihr an ihr schätzt, wofür ihr noch einmal ›Danke‹ und vielleicht auch ›Es tut mir leid‹ sagen möchtet.«

Vor der Fahrt ins Krankenhaus setzten sie sich an den Tisch und schrieben sich Stichworte auf kleine Zettel: Erinnerungen, Komplimente, Dank, Liebesbekundungen und Dinge, die sie noch klären wollten. Am Ende legten sie alles in eine kleine Schachtel.

»Mama, wir haben dir etwas mitgebracht«, sagte der große Sohn, als sie ankamen. Abwechselnd holten die Kinder nun die Zettel aus der Schachtel, lasen sie vor und erklärten, wenn nötig, was sie damit meinten. Es gab Tränen, es wurde gelacht. »Das ist ja ein schönes Abschiedsgeschenk!«, sagte die Hospizschwester, als sie die Schachtel mit den Komplimente-Zetteln sah.

Ja, es war tatsächlich allen eine große Hilfe, dass sie ihr »Danke« noch einmal auf eine besondere Art hatten ausdrücken können.

Achten Sie einmal darauf: Wenn Sie die Traurigkeit zulassen, schaffen Sie gleichzeitig der Freude neuen Raum. Und so ist es möglich, dass man in einer eigentlich sehr traurigen Abschiedssituation auch Dankbarkeit und Herzlichkeit fühlen kann.

Herausforderungen beim Abschied auf dem Sterbebett

Eine besondere Situation ist der Abschied auf dem Sterbebett. Meist steht er am Ende einer langwierigen Erkrankung. Es ist eine sehr schwierige, aber für alle Beteiligten auch sehr wertvolle Zeit, weil sie die Chance bietet, noch einmal ganz bewusst Lebewohl zu sagen.

Bei vielen Angehörigen löst der Gedanke ans Sterbebett großes Unbehagen aus. Dennoch ist es wichtig, sich vorab über die wichtigsten Fragen Gedanken zu machen – wenn möglich, gemeinsam mit dem Sterbenden.

Darf noch Besuch ans Sterbebett kommen?
Es gibt Menschen, denen der Gedanke nicht behagt, dass andere sie sterbenskrank oder schwach erleben. Sie schämen sich und möchten so nicht gesehen werden. Wieder andere haben Sorge, dass mögliche Besucher durch die Situation emotional zu sehr belastet werden könnten, und wollen ihnen das nicht zumuten.

Dann ist es wichtig, sich klarzumachen, wie wertvoll ein bewusster Abschied für Besucher sein kann. Wie schade ist es, wenn Kinder ihren Vater, Enkel ihre Oma oder lebenslange Freunde ihren besten Kumpel nicht mehr besuchen können?! Was ist wirklich belastender? Wenn Angehörige den Sterbenden schwach, krank oder auf eine andere Weise ungewohnt erleben – oder wenn sie sich nicht von ihm verabschieden können?

Als hilfreich in diesen Situationen erlebe ich immer wieder, die Besucher – insbesondere Kinder – mit den nötigen Informationen zu versorgen:

Was ist der Grund für die veränderte Hautfarbe?

Was ist der Grund für einen möglichen Geruch im Krankenzimmer?

Warum ist jemand so viel dicker oder dünner geworden?

Gegen unangenehme Gerüche kann Raumduft oder ein Taschentuch, beträufelt mit einem Duftöl, helfen. Eine gelbe Hautfarbe erscheint uns mit dem Wissen um eine Lebererkrankung genauso logisch wie ein rotes Gesicht bei Fieber oder ein blauer Fleck nach einem Stoß. Wir kennen ähnliche Situationen aus dem Alltag und dürfen uns daran erinnern, dass wir durchaus in der Lage sind, damit umzugehen. Informationen und Erklärungen machen die Situation für alle Beteiligten einfacher.

»Wird man immer blau, wenn man stirbt?«, fragte mich der neunjährige Paul. Er hatte von den Gesprächen der Erwachsenen einiges aufgeschnappt, die sich darüber unterhalten hatten, wie es nun weitergehen soll. Sein Papa würde bald sterben und seine Haut sich aufgrund von massivem Sauerstoffmangel dabei bläulich verfärben. Pauls Mutter hatte Angst, dass ihr Sohn sich erschrecken könnte, wenn er den Vater in diesem Zustand sähe, und überlegte, ihn bei weiteren Besuchen zu Hause zu lassen. Dann würde er den Vater »normal« in Erinnerung behalten, so ihre Hoffnung. Im Gespräch änderte sie ihre Meinung. Statt ihn zu Hause zu lassen, setzten wir auf die Karte »Information«. Das heißt, wir erklärten dem Neunjährigen gemeinsam, was passieren würde:

»Nein«, antworteten wir ihm auf seine Frage, »man wird nicht immer blau. Aber wegen seiner Krankheit bekommt dein Papa nicht so viel Luft. Deswegen verfärbt sich seine Haut etwas bläulich. Weißt du, Blut, in dem ausreichend Sauerstoff vorhanden ist, ist hellrot. Wenn zu wenig Sauerstoff in das Blut kommt, sieht es dunkelrot und manchmal sogar blau aus. Das kann man dann auch durch die Haut erkennen.«

»Ach so«, nickte er.

Die Erklärung war für Paul verständlich. Sie reichte aus, um ihn für den Anblick zu wappnen, der in den nächsten Tagen auf ihn wartete. So konnte er seinen Vater bis zuletzt sehen.

Oft sage ich Kindern oder Jugendlichen, nachdem ich ihnen etwas über eine Krankheit oder das Sterben erklärt habe, noch: »Wisst ihr, wenn jemand in das Zimmer kommt, der nicht weiß, warum die Haut verfärbt ist oder warum der Tote ganz kalt ist, erschreckt er sich vielleicht und fragt: ›Was ist denn das?‹ Und dann könnt ihr erklären, warum es jetzt so aussieht.« Informationen schaffen Sicherheit und stärken in einer ungewohnten Situation.

***

Susanne wollte zu Hause sterben. Sie hoffte darauf, dass ihr Mann den ambulanten Hospizdienst zur Unterstützung anfordern würde, um es ihr zu ermöglichen. Sie war enttäuscht, als er sie bat, lieber in das stationäre Hospiz umzuziehen. »Liebt er mich nicht mehr, jetzt, wo ich krank bin?«, fragte sie sich. Sie konnte sich die Reaktion ihres Mannes nicht erklären. Also sprach sie ihn direkt darauf an. Im Gespräch stellte sich heraus: Obwohl er schon 48 Jahre alt war, hatte er noch nie einen toten Menschen gesehen. Er wusste nicht, wie Sterben vonstattengeht, und fürchtete sich vor der Situation und seiner Reaktion darauf. Susanne bat den ambulanten Pflegedienst, ihrem Mann Informationen zukommen zu lassen. Die sachlichen Gespräche über das, was geschehen würde, konnten ihn beruhigen. Susanne starb zu Hause, wie sie es sich gewünscht hatte. Ihrem Mann geht es heute gut mit dem Geschehen.

Weniger ist manchmal mehr
Manchmal geschieht es, dass die ganze Familie am Bett des Sterbenden versammelt ist und dieser nicht die Ruhe findet, die für ihn zum Sterben angenehm wäre. Hier weint ein Kind, da ruckelt ein Stuhl, es wird geweint, getuschelt, gestreichelt. Dann kann weniger mehr sein.

Versöhnung am Sterbebett
»Nach dem Streit damals hat er sich nie wieder bei mir gemeldet! Und jetzt, wo ich sterbe, macht der liebe Bruder plötzlich einen auf Familie? Nein, danke, so einen Heuchler will ich nicht sehen! Der muss gar nicht erst hier angekrochen kommen!«

Solche Aussagen höre ich von Sterbenden manchmal. Die Heftigkeit solcher Reaktionen zeigt, wie zerrüttet die Beziehung durch Verletzungen und Vernachlässigungen ist. Aber sie zeigt auch, dass sie dem Sterbenden eigentlich viel bedeutet – sonst würde er höchstens gleichgültig reagieren und gar nicht von diesem Menschen sprechen.

Hier gilt es zu bedenken: Möchte man dem anderen wirklich zumuten, sein Leben lang mit schlechtem Gewissen umherzulaufen? Zeigt sein Wunsch, dabei sein zu dürfen, vielleicht seine Versöhnungsbereitschaft? Der nahende Abschied kann auch eine Chance sein. Die letzte Gelegenheit, die Beziehungen in Ordnung zu bringen! Diese Gedanken darf man Sterbenden mitgeben.

Grenzen akzeptieren
Aber eines ist auch klar: Wenn dem Sterbenden eine Grenze wichtig ist, dann muss sie auch akzeptiert werden. Bedenken Sie: Es ist sein Abschied vom Leben – Sie selbst können Ihren eigenen Abschied beizeiten anders gestalten!

Auszeiten nehmen
Wichtig ist, sich als Angehöriger am Sterbebett »Auszeiten« zu nehmen, kurze Erholungspausen, um Kraft zu sammeln. Der Ster-

bende hat nichts davon, wenn Sie müde und entkräftet an seinem Bett sitzen und sich Ihre wachsende Anspannung auf ihn überträgt. Bedenken Sie zudem, dass Sie Ihre Kräfte auch noch für die Zeit nach dem Tod benötigen.

Der Sterbezeitpunkt
Steuern Sterbende den Moment des Sterbens? Wir wissen es nicht, und doch glaube ich, dass viele den für sie »richtigen« Moment abwarten. Es gibt Menschen, die sterben, wenn alle um sie herum versammelt sind. Die so lange warten, bis auch der letzte Neffe aus Amerika angereist ist. Und andere sterben im Beisein eines einzigen Angehörigen oder sogar genau dann, wenn dieser mal kurz den Raum verlässt. Wichtig hierbei ist, sich bewusst zu machen, dass der Sterbende das Recht hat, selbst zu entscheiden, wann er geht. Oft meinen wir, *unsere* Vorstellung eines guten Abschieds sei entscheidend. Dabei ist es – wie gesagt – nicht unser Abschied, sondern der des Sterbenden.

»Ich möchte bei dir sein und deine Hand halten, wenn du stirbst«, sagte eine Ehefrau zu ihrem sterbenden Mann. Und so war sie die letzten Wochen und Tage Tag und Nacht bei ihm am Bett. Und dann, als sie einmal nach Hause fuhr, um Wäsche zu waschen und die Blumen zu gießen, da starb ihr Mann. »Ganz alleine«, wie sie mir später in der Trauerbegleitung betrübt erzählte. Doch war er wirklich alleine gewesen? Hatte er sich einsam gefühlt? Ich bin sicher, dass der Mann bis zuletzt die Anwesenheit seiner Frau gespürt und es ihn getröstet hatte. Mein Beispiel in diesen Situationen ist dann immer dieses: »Wenn meine Söhne in der Schule oder im Berufsleben unterwegs sind, dann bin ich zwar nicht körperlich bei ihnen, aber sie wissen, dass ich sie liebe und ihnen auf eine andere Art nahe bin. Und umgekehrt ist es so, dass ich meine Lieben im Herzen trage, ob sie da sind oder nicht. Im Herzen dabei sein bedeutet auch nicht, dass man immer und ständig an jemanden denkt.«

Trotzdem mag es nicht jeder, in intimen Momenten – und das Sterben ist vielleicht einer der intimsten Momente überhaupt im Leben – andere um sich zu haben. Vielleicht hat er die kurze Abwesenheit der Frau benötigt, damit seine Seele den Körper verlassen konnte? Und vielleicht wollte er es seiner Frau auch nicht zumuten, dabei sein zu müssen? Vielleicht wären ihm sonst der Abschied und das Sterben noch viel schwerer gefallen?

»Wir waren uns so verbunden, das kann uns niemand nehmen«
Meine Mutter konnte wegen ihres Krankenhausaufenthalts nicht bei meinem Vater sein, als er starb. Dass es am Ende so schnell ging, kam für uns alle überraschend. »Ich war nicht bei ihm, so wie ich es mir gewünscht habe«, sagte sie, als wir kurz darauf am Totenbett saßen. Wir nahmen bewusst zusammen Abschied: Gemeinsam tranken wir ein Glas Rotwein, hörten klassische Musik, weinten ein bisschen, lachten ein bisschen, redeten ein bisschen und schwiegen ein bisschen. Es kam eine große Verbundenheit untereinander zum Ausdruck – und ganz besonders die meiner Mutter zu meinem Vater.

Bald war ihre Enttäuschung darüber, in seinem letzten Moment nicht an seiner Seite gewesen zu sein, verflogen. Sie spürte: Ich war meinem Mann so verbunden im Leben, das kann uns niemand nehmen. Dankbarkeit bekam Raum am Sterbebett.

Wie es auch sein kann, erlebten wir einige Monate später, als ganz plötzlich der Ehemann einer Freundin starb. Sie wurde morgens wach, und er lag tot neben ihr. Der Schreck war groß. Obwohl sie direkt neben ihm gelegen hatte, sagte sie später: »Ich war nicht bei ihm, als er starb.« Was sie eigentlich meinte – das kam in weiteren Gesprächen zum Ausdruck – war, dass sie sich ihrem Mann nicht nahe gefühlt hatte, sie sich entfremdet hatten. Aller körperlichen Nähe im Moment des Abschieds zum Trotz.

So schön es ist, wenn wir liebe Menschen bis zuletzt begleiten können, so ist eigentlich doch etwas ganz anderes entscheidend: ob wir ihnen im Leben nahe gewesen sind.

Die Nacht, in der Thimos Frau Sonja starb, verbrachte er zu Hause bei den Kindern. Ihre gemeinsame Tochter feierte am nächsten Tag ihren achten Geburtstag. Sonja starb um 0.15 Uhr. Nun würde der Geburtstag der Tochter immer auch das Sterbedatum der Mutter sein.

Als er gemeinsam mit der Tochter überlegte, ob es vielleicht einen Sinn ergebe, dass die Mama genau an ihrem Geburtstag verstorben war, fanden sie gemeinsam eine Lösung: »Mama hat sich zum Sterben einen Familientag ausgesucht, und weil mein Geburtstag das nächste Datum war, hat sie den genommen«, sagte die Tochter später stolz. Es war wertvoll, dass die Familie sich nicht als das Opfer eines tragischen Sterbedatums fühlte, sondern handlungsfähig war; dass sie dieses Sterbedatum in ihr Leben integrieren konnte, sodass damit alle gut weiterleben konnten.

»Soll ich noch einmal hingehen?« – Hilfen für Freunde und Bekannte

Wenn Angehörige – insbesondere weiter entfernte – im Sterben liegen, stellt sich häufig die Frage: Soll ich noch mal hingehen oder lieber nicht? Trete ich der Person nicht zu nahe, sie in einer solch persönlichen und oft auch als »Schwäche« empfundenen Situation zu besuchen? Diese Überlegungen sind durchaus berechtigt. Vielleicht hilft es Ihnen bei der Beantwortung, sich zu fragen, ob Sie in derselben Situation Besuch von der Person haben wollten.

Generell neigen wir dazu, Abschiedssituationen zu schnell aus dem Weg zu gehen, weil wir die Traurigkeit fürchten, die sich dann unweigerlich einstellt. Jemandem zu begegnen, von dem ich weiß, dass er bald nicht mehr da sein wird, kann sehr emotional sein.

Hier kann ich nur empfehlen: Fürchten Sie die Traurigkeit nicht. Fürchten Sie eher die verpasste Chance, sich von dem geliebten Menschen noch einmal verabschiedet zu haben. In solchen Situationen braucht es Mut. Wenn wir warten, bis unser Unbehagen verflogen ist, wird es zu spät sein. Und bedenken Sie auch: Es kann für den Sterbenden traurig sein, den Kontaktabbruch zu zahlreichen Menschen seines Umfelds zu erleben, die bislang fester Teil seines Alltags waren. Denn ein Kontaktabbruch ist es, wenn wir entscheiden, die Person nicht zu besuchen.

»Aber der bekommt doch gar nichts mehr davon mit!«, wird manchmal über Sterbende gesagt, die unter starkem Medikamenteneinfluss stehen. Aber das stimmt so nicht. Niemand weiß genau, was jemand während des Sterbeprozesses noch hört, fühlt oder versteht. Und selbst wenn: Schlimmstenfalls haben wir jemanden besucht, der unsere Anwesenheit nicht wahrgenommen hat. Das kostet uns tatsächlich etwas Zeit, aber es hilft uns zugleich auch, Abschied zu nehmen. Dann stimmt doch die Kosten-Nutzen-Rechnung wieder, oder? Und eigentlich ist es doch auch immer eine Frage unserer Haltung. Stellen Sie sich jedoch umgekehrt vor, der Sterbende bekommt doch viel mehr mit, als wir denken! Wie muss es für ihn sein, in einer solchen Lage von Freunden und Verwandten keinen Besuch zu bekommen?

Vertrauen Sie Ihrem Instinkt
Einen großen Teil der Angst vor einem Abschiedsbesuch kann man sich nehmen, indem man sich Gedanken macht, wie man ihn gestalten möchte: Vielleicht sprechen Sie mit dem Sterbenden darüber, was er Ihnen bedeutet hat? Vielleicht hilft auch eine Postkarte, eine Blume oder ein anderes Geschenk? Ein leises gezupftes Lied auf der Gitarre, ein Mobile mit Fotos?

Schauen Sie, wie sich die Situation entwickelt, vertrauen Sie Ihrem Instinkt – und dem des Sterbenden. Es kann sein, dass kleine Geschichten aus dem Alltag dem Kranken das Gefühl geben, noch einmal Anteil zu haben an der »normalen« Welt. Vielleicht die letzten Neuigkeiten aus dem Büro, in dem Sie gemeinsam gearbeitet haben. Es ist auch möglich, dass Sie bei diesem letzten Besuch schweigend beieinandersitzen. Das muss nicht unangenehm sein. In einer solchen Situation ist es oft angemessener als oberflächlicher Small Talk, der nur die Stille übertüncht.

Nicht zu lange bleiben
Bleiben Sie nicht zu lange! Sterbende Menschen benötigen Kraft und Energie für den anstehenden Sterbeprozess, sie ermüden leicht. Und umgekehrt ist ein solcher Besuch auch für Sie anstrengend. Gönnen Sie sich selbst anschließend etwas, das Ihnen guttut – ein warmes Bad, eine Tasse Tee, ein Glas Wein, ein Telefonat mit einer Freundin, ein Kinobesuch oder frühe Bettruhe.

Den Tod nicht ignorieren
Der nahende Abschied steht bei solchen Besuchen oft wie der sprichwörtliche Elefant im Raum, den alle geflissentlich ignorieren. Tun Sie das nicht! Versuchen Sie nicht, traurige Momente mit unpassenden Scherzen zu überspielen, versuchen Sie nicht, so zu tun, als »würde das schon wieder werden«. Nehmen Sie lieber eine Packung Taschentücher mit. Das ist ehrlicher und der Situation angemessener.

Abschiedsworte
Vielleicht hilft es Ihnen auch, sich vorab einige Worte zurechtzulegen? Es ist klar, dass solche »Formeln« nicht für jede Situation passen, aber vielleicht sind sie ja eine hilfreiche Anregung, Ihre eigenen Worte zu finden.

- »Hallo, ich wollte noch einmal vorbeischauen. Ich vermisse dich ganz schön.«
- »Guten Tag. Ich habe gehört, dass Sie schwer krank sind, und da wollte ich einmal kurz Hallo sagen und Ihnen eine Kleinigkeit vorbeibringen.«

Und was sage ich, wenn ich mich verabschiede?

- »Machs gut. Ich weiß gar nicht, was ich sagen soll ... Ich denke an dich.«

- »Es ist so traurig! Trotzdem bin ich froh, dass wir uns noch mal gesehen haben!«
- »Grüß mir meinen Vater, wenn du ihn ›da oben‹ triffst. Schön, dass wir uns kennenlernen durften.«
- »Was soll ich sagen? Ich habe dich wirklich gerne. Du wirst mir fehlen. Machs gut!«

Wenn der Sterbende keinen Besuch mehr möchte
Stellen Sie sich vor: Ihre beste Freundin stirbt im Hospiz, und der Ehepartner teilt mit, dass seine Frau keinen Besuch mehr wünscht. Manchmal möchten Sterbende nur noch ihren nächsten Menschen um sich haben – vielleicht schämen sie sich für ihr Aussehen, vielleicht hadern sie mit dem Schicksal, oder die Angehörigen glauben, im Sinne der Sterbenden zu handeln, wenn sie alle Besucher fernhalten. Vielleicht fehlt ihnen auch einfach die Kraft für Besuche. Oder eine Infektion, so wie wir es alle in Zeiten des Coronavirus erlebten, verhindert einen letzten Besuch. Doch dann gibt es Möglichkeiten, sich von der Sterbenden zu verabschieden. Sie können, wenn es passend ist, mit den nächsten Angehörigen sprechen und sich erkundigen, ob Sie einen Brief oder Blumengruß schicken dürfen. Vielleicht mit folgenden Worten:

- »So gerne wäre ich vorbeigekommen, um dich noch einmal in den Arm zu nehmen ...«
- »Ich sitze hier vor dem Blatt und weiß gar nicht, wie ich anfangen soll. Ich sage dir einfach mal, wie traurig ich bin. Und gleichzeitig bin ich dankbar für all das, was wir zusammen erlebt haben.«
- »Wenn nicht jetzt, wann dann: Ich muss dir jetzt einfach mal schreiben, was ich so an dir mag und was ich vermissen werde ...«
- »Ich habe die Farben der Blumen bewusst ausgewählt, weil ...«
- »Jeden Abend zünde ich eine Kerze für dich an ...«

Sie könnten auch ...
- eine persönliche Sprachnachricht oder Videobotschaft aufnehmen und sie dem Sterbenden, vielleicht mithilfe der Angehörigen, zukommen lassen;
- per Audioaufnahme ein Gedicht vorlesen, einen Segenstext sprechen oder ein Gutenachtlied singen;
- ein Band in einen Baum oder Strauch knüpfen, während Sie an den Sterbenden denken, in der Hoffnung, dass der Wind die Wünsche weiterträgt;
- ein Kissen oder eine Decke mit Handabdrücken bedrucken oder mit einem wohltuenden Gruß beschreiben;
- die Angehörigen bitten, die Krankensalbung mit dem Handy aufzunehmen und Ihnen zukommen zu lassen. Umgekehrt können Sie auch selbst dem Sterbenden oder den Angehörigen auf diese Weise gute Wünsche zukommen lassen.

Aber Vorsicht: Bombardieren Sie die Sterbenden nicht mit zu vielen Ideen. Beschränken Sie sich auf eine einzige. Und bedenken Sie, dass ein persönliches Geschenk wie eine bedruckte Decke nur dann wirklich passt, wenn Sie den Personen nahestehen.

Vielleicht können Sie sich auch mit gemeinsamen Freundinnen und Freunden zusammensetzen, Erinnerungen austauschen und über die eingetretene Situation sprechen. Dabei kann es hilfreich sein, ein bewusstes Abschiedsritual zu integrieren:
- etwas essen oder trinken, das der oder die Sterbende gerne mochte,
- Musik hören, die der oder die Sterbende mochte,
- gemeinsam singen,
- Fotos betrachten,
- beten.

Oder Sie können ...
- ein Bild malen,

- in einer Kirche oder zu Hause eine Kerze mit Gedanken und Wünschen an den Erkrankten bzw. Sterbenden anzünden,
- die Beerdigung bewusst miterleben.

Wichtig ist, dass der Abschied Ihnen die Möglichkeit schenkt, Ihren Gefühlen Ausdruck zu geben und sich angemessen und herzlich zu verabschieden.

Noch einmal zusammenkommen

»Weißt du noch …?« So oft erleben wir es, dass nach einem Tod Geschichten aus dem Leben des Verstorbenen erzählt werden. Warum eigentlich erst hinterher? Das folgende Beispiel mit Manfred zeigt, dass diese Geschichten auch schon vorher ihren Platz bekommen können. Wenn der Sterbende noch ansprechbar ist, kann er sogar noch einmal teilhaben an den Reaktionen auf das, was sein Leben war.

Manfred war nicht mehr ansprechbar. Sein Pflegebett stand im Wohnzimmer, und seine Frau legte alte Fotoalben auf ein Regal, das neben dem Bett stand. Bilder aus sieben Jahrzehnten seines Lebens als Ehemann, Vater und Opa konnte man darin betrachten. So ließ seine Frau im Sterbezimmer seine Lebensgeschichte aufblühen, die den Besuchern ein Schmunzeln, wehmütige Blicke und auch Ehrfurcht vor seinem Lebenswerk entlockte. »Mensch, Opa, du warst schon ein toller Kerl«, sagte sein Enkel, als er ein Foto entdeckte, auf dem Manfred mit seiner Frau auf einem Heinkel-Mofa saß.

Wenn es noch möglich ist, kann der Sterbende ein solches Zusammenkommen auch selbst arrangieren. Es kann allen Beteiligten – sowohl den Teilnehmern als auch dem Sterbenden selbst – helfen, Abschied zu nehmen. Am Ende des Lebens bewusst noch einmal der eigenen Geschichte zu gedenken, ist, wie ich finde, eine sehr schöne Idee. Es braucht nur Menschen, die den Mut haben, es auch zu tun!

Hildegard war über 80 Jahre alt, als sie – gemeinsam mit einigen anderen Damen und Herren – von ihrer Freundin aus dem Musizierkreis gebeten wurde, zu einer Andacht an deren Sterbebett zu kommen. Hildegard war zunächst etwas irritiert ob der ungewohnten Einladung. Aber dann fand sie die Idee sehr passend.

Als es so weit war, suchte sie einige bunte Teelichthalter aus ihrer Wohnung aus, packte sie in eine Tasche und fuhr mit dem Taxi zur Freundin. Während der Andacht des Pfarrers stellte sie die verschiedenfarbigen Teelichter auf einen kleinen Schemel. Anschließend bat sie alle Anwesenden, sich ein Licht auszusuchen, dessen Farbe sie an eine Gemeinsamkeit mit der Sterbenden erinnerte. Nun entzündeten alle die Kerze, die sie ausgesucht hatten, und sagten dabei Danke für etwas, das sie an der Sterbenden mochten, oder sprachen eine Bitte für diese. Auch die Sterbende selbst wählte eine Kerze und bedankte sich beim Entzünden für die Freundschaften, die ihr gerade in dieser schweren Zeit Kraft gaben.

Sollen auch Kinder schon Abschied nehmen dürfen?

Es gibt Eltern, die – vielleicht weil sie in jungen Jahren selbst sehr schmerzhafte Verluste erlebt haben – versuchen, jeden Abschied von ihren Kindern fernzuhalten. Sei es, dass sie diese nicht mit zur Beerdigung der Großmutter nehmen oder den Tod bewusst herunterspielen: »Oma ist im Himmel, da hat sie keine Schmerzen mehr, und es geht ihr gut!« Ihre Hoffnung dabei ist es, den Schmerz für die Kinder möglichst gering zu halten.

Doch jemandem den Abschied vorzuenthalten, verhindert leider nicht, dass der Verlust dennoch schmerzt. Im Gegenteil, langfristig vergrößert es den Schmerz sogar: Abschied nehmen ist der erste wichtige Schritt hin zum Begreifen. Zudem nimmt es dem

Kind das Gefühl von Sicherheit, wenn Oma oder Opa einfach verschwindet. Die Gefahr ist groß, dass es anschließend Verlustängste entwickelt, weil es Furcht hat, dass auch Mama oder Papa irgendwann plötzlich nicht mehr da sein könnten.

Ein bewusster Abschied ist daher sehr wichtig. Wenn er liebevoll begleitet wird und in aller möglichen Offenheit vor sich geht, wird er keine Wunden beim Kind hinterlassen. Im Gegenteil: Abschiednehmen ist heilsam. *An der Hand durch die Traurigkeit* hieß einmal ein Film über unsere Trauerarbeit im WDR-Fernsehen. Dieser Titel machte deutlich, worum es in Krisenzeiten geht: Nehmen Sie Ihr Kind an die Hand, den Jugendlichen in den Arm. Seien Sie Begleiter, und lassen Sie sich begleiten. Lassen Sie keinen nahestehenden Menschen außen vor, auch nicht die kleinen.

Holger liegt auf der Palliativstation. Gemeinsam mit seiner Frau Sabrina und der achtjährigen Tochter Jolina sitze ich bei ihm im Krankenhaus. Holger liegt im Bett. Er hat kurz reagiert, als ich ihn begrüßte, ist dann aber gleich wieder weggedöst. Er nimmt starke Schmerzmittel in diesem letzten Stadium seiner Krebserkrankung. Ein Zustand, der es ihm erlaubt, da zu sein, wenn es geht, aber auch einfach wegzudämmern, wenn die Kraft fehlt.

Sabrina und ich trinken Tee und sprechen über die aktuelle Situation: Die Ärztin hat der Familie mitgeteilt, dass Holger in den nächsten Tagen sterben wird. Jolina, die Tochter, sitzt während unseres Gesprächs am Tisch und malt Sterne, die sie ausschneidet und dem Papa mit Tesafilm an die Bildleiste an der Wand klebt. Als sie hört, dass ihr Vater in den nächsten Tagen sterben wird, sagt sie: »Aber Papa wollte doch noch so gerne Weihnachten mit uns feiern.«

»Aber Weihnachten wird Papa nicht mehr leben, mein Schatz«, sagt die Mutter.

Da hat sie eine Idee: Wie wäre es, das Weihnachtsfest vorzuverlegen? Noch einmal mit Papa Weihnachten feiern – das wäre etwas, was sich die ganze Familie wünscht.

Sabrina spricht mit den Angehörigen, und sie sind dabei. Die Mutter von Holger backt Spritzgebäck. Ihr Sohn hat diese Plätzchen von ihr immer geliebt, und in aller Traurigkeit tut es ihr gut, Holger etwas Gutes tun zu können. Nein, essen kann er sie nicht mehr, aber sie riechen und dabei spüren, dass noch einmal alle zusammengekommen sind.

»Bekomme ich dann meine Geschenke schon eher?«, fragt Jolina. Ihre Vorfreude mischt sich in die traurige Tatsache, dass es dieses vorverlegte Weihnachtsfest nur deshalb gibt, weil ihr Papa stirbt. Was das wirklich bedeutet, kann sie – im Gegensatz zu den Erwachsenen – noch nicht ganz verstehen.

Am zweiten Advent feiert die Familie auf der Palliativstation Weihnachten. Ein kleiner Tannenbaum steht auf dem Hocker neben Holgers Bett, eine Schale mit Plätzchen auf dem Betttisch. Holgers Bruder hat einen CD-Player mitgebracht, auf dem leise Weihnachtsmusik läuft. Jolina bekommt ein neues Fahrrad, mit dem sie auf dem Krankenhausflur eine Runde dreht.

Die Erwachsenen haben sich noch etwas ganz Besonderes für Holger ausgedacht: Sie wollen sich bei ihm für das Geschenk bedanken, das er ihnen mit seinem Leben gemacht hat. Dafür haben sie kleine Geschenke gepackt. Der Kranke ist nicht mehr in der Lage, sie auszupacken, und so machen es stattdessen die Mutter, der Bruder, die Ehefrau und Jolina. In den Päckchen liegt jeweils ein Zettel. »Danke für …« steht darauf, und dann werden Situationen und besondere gemeinsame Momente beschrieben – eben »Geschenke«, die Holger ihnen gemacht hat.

»Danke … danke für …!«, nimmt der Bruder einen Anlauf, einen seiner Zettel vorzulesen, aber da laufen ihm schon die Tränen übers Gesicht. Er weint und kann nicht mehr weitersprechen. Auch das ist doch so etwas wie ein Geschenk, oder? Allen Familienmitgliedern im Raum ist es wichtig, noch einmal ihre Liebe zu Holger auszudrücken und so Abschied zu nehmen.

Holger stirbt zwei Tage später.

Dieser bewegende Abschied hat der Familie – und auch der kleinen Tochter – gutgetan. Gerade weil er so traurig war. Traurigkeit gehört zum Abschiednehmen dazu. Sie von Kindern fernhalten zu wollen, ist der falsche Weg. Der bewusst erlebte und offen begangene Abschied ist der erste Schritt auf dem Weg in das veränderte Leben, das doch auch wieder gelingen soll.

Mein Handy klingelt. Es ist Walter, der Vater von Claudia. Die Nummer hat er in der Brieftasche seiner Tochter gefunden, nachdem diese ins Koma gefallen ist. Seine Tochter, alleinerziehende Mutter von Tobias (12) und Lucia (15), wusste schon länger, dass sie sterben würde. Als es darum ging, mit ihren Kindern darüber zu sprechen, hatte sie mich um Unterstützung gebeten. »Aber jetzt noch nicht, es hat noch etwas Zeit«, schob sie – in der Hoffnung, noch lange genug zu leben – das schwere Gespräch immer wieder hinaus. Und jetzt war sie ganz plötzlich ins Koma gefallen, ohne mit ihren Kindern über ihre Situation gesprochen zu haben. Auch den Großeltern und dem getrennt lebenden Vater hatte sie strikt verboten, etwas zu sagen, woran sich diese leider auch gehalten hatten. So waren sie jetzt gezwungen, den beiden Kindern die schwere Nachricht mitzuteilen.

Nun bittet mich der Großvater, so rasch wie möglich ins Krankenhaus zu kommen, damit ich den Kindern helfen könne, sich von ihrer Mutter zu verabschieden, bevor diese stirbt.

Als ich mich auf den Weg mache, habe ich nur sehr spärliche Informationen. Trotz des Gesprächs mit der Mutter vor einigen Wochen kenne ich nur das Alter der Kinder, weiß, dass die Eltern getrennt leben und die Großeltern in der Nähe wohnen. Über ihre Religion oder Erfahrungen mit Trauersituationen weiß ich nichts. Auf Verdacht packe ich eine LED-Kerze, Papiertaschentücher und ein kleines Fläschchen Weihwasser in meine Tasche.

Kurz darauf sitze ich mit Tobias und Lucia am Sterbebett. Die Kinder sitzen auf Stühlen am Krankenhaustisch, mit einem Sicherheitsabstand zum Bett.

Es tut ihnen sichtbar gut zu hören, dass ich mit der Mutter vorab im Gespräch gewesen bin. So haben sie das Gefühl, dass es ihrer Mutter recht ist, dass ich bei ihnen sitze. Ich erkläre ihnen, warum ihre Mutter mit der Information so lange gezögert hat. Dass sie auf einen guten Tag gewartet habe, es zu sagen, der jedoch nie eintrat, weil es so etwas für das, was sie sagen musste, schlichtweg nicht gibt.

Dann lege ich die mitgebrachten Sachen auf den Nachttisch am Bett und weise bei den Taschentüchern darauf hin, wie wichtig sie in Trauerzeiten sind, wenn einem die Tränen kommen. Ohne dass ich sie aufgefordert habe, steht Lucia auf, knipst die Kerze an und stellt sie in ein leeres Wasserglas, das auf der Fensterbank steht. Dann faltet sie ein Taschentuch auf, legt es wie ein Deckchen auf den Nachttisch und stellt die Kerze darauf. Jetzt nimmt sie das Weihwasserfläschchen in die Hand.

»Was ist das?«, fragt sie.

»Weihwasser«, sage ich.

Ich erkläre ihr, dass manche Menschen es nutzen, um andere zu segnen. Dass »Segnen« heißt, etwas Gutes von Gott zu erbitten. Ich erzähle, dass meine Eltern uns Kinder früher beim Zubettgehen mit einem Weihwasserkreuzchen auf der Stirn gesegnet haben.

Dann überlegen wir, was man mit dem Weihwasser machen kann, wenn man kein Kreuz malen möchte, weil es irgendwie nicht passt. »Ja, man kann es auf den Finger tröpfeln und der Mama ein Herz auf die Hand oder Stirn zeichnen«, sage ich. »Ihr dabei noch einmal etwas Liebes sagen, sich bedanken für Dinge, die sie einem beigebracht hat, sich entschuldigen für Momente, die man lieber vergessen würde. In Gedanken oder auch laut. Ich kann die Flasche aber auch wieder mitnehmen, falls ihr die Idee komisch findet«, biete ich an.

»Nein, das ist nicht komisch!«, sagen beide gleichzeitig.

Bevor ich mich von der Mutter und den Kindern verabschiede, sage ich ihnen, dass sie sich auch näher an Mamas Bett, ja, sogar auf die Bettkante setzen dürfen. Beide rücken nahe an die Mama ran, Lucia steht auf und berührt vorsichtig den Arm der Mutter. Ich frage sie, ob die anderen Erwachsenen in den Raum kommen sollten. »Jetzt noch nicht«, sagt das Mädchen, der Bruder nickt dazu.

Draußen im Flur berichte ich dem Vater und den Großeltern, was im Sterbezimmer geschehen ist, erzähle vom Weihwasser und dass es ein Angebot gewesen sei, um ein »berührendes« Abschiedsritual zu ermöglichen.

Am nächsten Tag ruft mich die Großmutter an, um mich über den Tod der Tochter zu informieren. »Es war gut, dass sie da waren«, sagt sie. »Sie haben uns geholfen, als wir vor Traurigkeit und Schrecken erstarrt waren. Die Kinder weinen viel, und das ist gut so. Und das kleine Glas mit dem Weihwasser ist inzwischen leer. Immer wieder haben die Kinder ihrer Mutter etwas davon aufgetragen. Einmal habe ich es ebenfalls benutzt. Ich bin ja auch nicht so gläubig. Aber es tat gut, ich weiß nicht, warum.«

Wenn ein Abschied nicht mehr möglich ist

Es kann passieren, dass ein Abschied nicht mehr möglich ist. Wenn jemand plötzlich verstirbt oder wir die Chance, unsere Liebe auszudrücken, nicht genutzt haben. Dann kann es hilfreich sein, auch nach dem Tod noch einen Abschied zu gestalten.

Persönliche Gedenkfeier

Das kann eine eigene kleine Gedenkfeier sein: Zünden Sie eine Kerze an, sprechen Sie ein Gebet, und sagen Sie dem Verstorbenen noch einmal, was er Ihnen bedeutet hat.

Vielleicht schreiben Sie ihm auch einen Brief, in dem Sie die gemeinsame Zeit mit allen Höhen und Tiefen Revue passieren lassen? Schreiben Sie all das auf, was Sie dem Verstorbenen gerne noch mitgeteilt hätten. Wie sehr Sie die gemeinsame Zeit genossen haben, dass er Ihnen fehlt – oder was auch immer Sie ihm sagen wollen. Auch nicht bereinigte Konflikte können Sie benennen. Vielleicht heben Sie den Brief an einem besonderen Ort auf? Oder Sie verbrennen ihn und stellen sich dabei vor, dass die Worte mit dem Rauch in den Himmel aufsteigen.

Sogar am Totenbett, am offenen oder geschlossenen Sarg, ja selbst an der Urne kann noch eine Verabschiedung gelingen, wie folgende Begebenheit zeigt:

Der 15-jährige Benedikt erzählte nach dem Tod der Mutter: »Als ich ganz alleine bei ihr im Bestattungshaus saß, da konnte ich ihr plötzlich Dinge sagen, wie es mir im Leben niemals möglich gewesen wäre.«

Gefühlvolle Worte, die direkt aus dem Herzen gekommen sind.

Tod fernab der Heimat
Es kann auch der Fall eintreten, dass jemand fernab der Heimat verstirbt. Dann kann es ein wichtiger Schritt im Trauerprozess sein, den Ort des Unglücks noch einmal zu besuchen. Das hilft, um zu begreifen, was geschehen ist. Zudem fühlen sich dort viele dem Verstorbenen noch einmal besonders nahe. Ich kann Sie in einem solchen Fall nur ermutigen: Besuchen Sie den Ort.

Am 24. März 2015 geschah in den Alpen bei Le Vernet ein furchtbares Unglück. Ein Pilot der Fluggesellschaft Germanwings flog eine Passagiermaschine gegen einen Berg, und das mit voller Absicht. »Erweiterter Suizid« nennt man einen solchen Vorgang in der Fachsprache. In dem Flieger befanden sich außer ihm noch 144 Passagiere und 5 Besatzungsmitglieder.
Alle waren sofort tot. Die Bergung dauerte viele Wochen.
Die Familien mussten bis Juni auf die Überführung der Särge und Urnen warten – eine unfassbar lange Zeit. In der Zwischenzeit besuchten viele Familien die Unfallstelle in Frankreich.

»Nehmt ihr eurem Kind etwas mit?«, fragte ich eine der trauernden Familien, die ich durch die Kinder- und Jugendtrauergruppe kannte, vor der Abreise an den Unglücksort. So entstand die Idee, eine Handvoll Muttererde aus dem Garten dorthin zu bringen, wo der Körper des Verstorbenen noch eine Weile liegen musste. »Wir können nicht bei dir sein, aber wir lassen dir etwas Vertrautes aus der Heimat hier, bis wir uns wiedersehen«, lautete die Botschaft dieser Geste. Auch Blumen aus dem eigenen Garten wurden in der Nähe der Unfallstelle abgelegt.

***

Der 40-Tonner rast durch die Leitplanke, über ein Feld und kippt dort in einen Graben. Der Fahrer hat einen Herzinfarkt erlitten. Noch vor Ort stellen die Rettungskräfte seinen Tod fest. Dem Sohn und der Frau des Verstorbenen, die Hunderte Kilometer vom Unglücksort entfernt leben, ist es sehr wichtig, die Unfallstelle zu besuchen. Sie können den Tod kaum fassen, wollen Beweisfotos sehen. Die Autobahnpolizei bietet ihnen an, den Unfallort zu besuchen, um einen Kranz niederzulegen. Das ist nicht selbstverständlich. Das Feld ist schwer zugänglich: Auf der Autobahnseite besteht keine Möglichkeit, das Auto abzustellen, und auch von der anderen Seite kommt man nur schwer dorthin.

Im Polizeiauto wird die Familie zum Unglücksort gefahren. Sohn und Mutter legen einen Kranz ab. Darin sind auch Vergissmeinnicht. Sie hoffen, dass die blaue Blume sich hier ebenso vermehrt wie zu Hause im Garten. Jedes Jahr, wenn die Blume daheim blüht, blüht sie auch auf dem Feld, als Gruß an den Vater. »Ich finde nicht nur den Namen von der Blume gut, sondern auch, dass sie blau ist. Papa war Schalke-Fan, das würde ihm sicher gut gefallen«, sagt der 14-jährige Sohn.

***

Christin, eine 23-jährige Studentin, ruft mich an. Ihre Tante liegt seit einigen Tagen im Hospiz und wird dort sterben. Aufgrund der Kontaktbeschränkungen während der Corona-Pandemie dürfen noch nicht einmal der Ehemann und die Kinder der Tante diese regelmäßig besuchen.

Die Tante ist für Christin wie eine zweite Mutter, sie ist zeitweise bei ihr groß geworden. Dennoch wird sie als Nichte keine Chance mehr haben, sich von der Lieblingstante zu verabschieden. Wir überlegen hin und her:

Einen Brief schreiben, diesen im Garten verbrennen und die geschriebenen Worte, Wünsche und Gedanken über den Rauch zur Tante »senden«?

Einen Brief schreiben und ihn auf den Nachttisch legen?

Den geschriebenen Brief der Tante vorlesen lassen?

Und dann kommt mir ein neuer Gedanke, den ich Christin am späten Abend noch per Facebook zukommen lasse: Sie könnte der Tante eine Sprachnachricht aufnehmen und diese ins Hospiz senden. Kopfhörer könnte sie in den Hospizbriefkasten legen, damit die Tante, die schon nicht mehr ansprechbar ist, die Sprachnachricht mit Christins Stimme direkt ins Ohr bekommt.

»Eine gute Idee!«, schreibt sie zurück. »Ich mache mir mal Gedanken dazu.«

Am nächsten Morgen schreibt sie mir noch eine Nachricht: »Danke für die Idee mit der Sprachnachricht. Ich habe gerade schon eine aufgenommen und werde jetzt jeden Tag, solange es möglich ist, eine machen.

Ich hatte sogar gerade noch eine weitere Idee: nämlich vertraute Geräusche aus dem Pferdestall aufnehmen! Hufscharren, Fressen, Schnauben und so ... es gibt da ganz typische Geräusche, die man ganz gut aufnehmen kann. Die tun meiner Tante bestimmt total gut, weil sie ihre Pferde echt sehr liebt.«

Was für eine schöne Idee! Und wie gut, dass das Hospiz sie mit unterstützt.

Kapitel 4

WAS IST ZU TUN, WENN JEMAND VERSTORBEN IST?

Verstirbt ein Mensch, erfolgt eine Leichenschau durch einen Arzt. Dieser stellt den Totenschein aus. Tritt der Tod im Krankenhaus oder in einer Pflegeeinrichtung ein, so wird die ärztliche Leichenschau vor Ort vorgenommen. Verstirbt ein Mensch zu Hause, rufen die Angehörigen den Hausarzt. Hier ist keine Eile geboten. Eine Leichenschau erfolgt frühestens zwei Stunden nach Eintritt des Todes. Der Totenschein enthält die persönlichen Daten des Verstorbenen und weist die Todesursache aus. Die Feststellung des Todes ist eine ärztliche Leistung, die nicht von den Krankenkassen übernommen wird, weil die Mitgliedschaft in der Krankenkasse mit dem Tod endet. Die Gebühren richten sich nach der gültigen Gebührenordnung der Ärzte (GOÄ) und müssen von den Bestattungspflichtigen bezahlt werden.

Wenn diese Papiere vorliegen, wenden Sie sich an ein Bestattungsinstitut Ihrer Wahl. Sollen Behördengänge übernommen werden, so informieren Sie das Bestattungsinstitut noch am Todestag oder am Morgen danach. Wenn Sie sich unsicher sind oder ein komisches Gefühl bei der Wahl des Instituts haben, haben Sie jederzeit die Möglichkeit, ein anderes Institut zu kontaktieren. Wichtig ist, dass Sie sich wohl und verstanden fühlen und die Wünsche des Verstorbenen und Ihre eigenen berücksichtigt und respektiert werden. Transparenz und Selbstbestimmung sind ganz wichtig.

Es ist hilfreich, Ihrer Intuition zu folgen und alle Fragen zu stellen, die Sie beschäftigen. Vielleicht möchten Sie auch wichtige Schritte selbst in die Hand nehmen und umsetzen. Es kann sehr heilsam und tröstlich sein, noch etwas für den verstorbenen Menschen tun zu können: waschen und ankleiden etwa.

Es ist übrigens auch möglich, den verstorbenen Menschen aus einem Krankenhaus oder einer Pflegeeinrichtung zurück in die häusliche Umgebung zu holen, um dort eine Aufbahrung zu gestalten.

Informieren Sie Angehörige und Freunde über den Tod. Auch wenn es schwerfällt, ist die persönliche Information am Telefon die beste. Beziehen Sie weitere Menschen mit ein.

Bei einem bestehenden Arbeitsverhältnis sollte der Arbeitgeber frühzeitig informiert werden.

Für die Ausstellung der Sterbeurkunden beim Standesamt des Sterbeorts benötigen Sie den gültigen Personalausweis oder Reisepass. Beides muss im Original vorliegen. Außerdem brauchen Sie die Geburtsurkunde, bei Verheirateten die Eheurkunde oder einen Auszug aus dem Stammbuch, bei Verwitweten die Sterbeurkunde des Ehepartners. Auch als Geschiedene können Sie eine Sterbeurkunde beantragen, dafür brauchen Sie das rechtskräftige Scheidungsurteil.

Die Sterbeurkunden benötigen Sie für Abmeldungen bei Versicherungen, Behörden und beim Nachlassgericht. Originale benötigen Sie in der Regel für alle Stellen, an denen Geld ausgezahlt wird, z. B. Rentenversicherung, Versicherungen etc. Für einfache Vertragskündigungen reicht oftmals eine Kopie oder ein Scan der Urkunde.

Weitere Schritte sind:
- Benachrichtigung der Glaubensgemeinschaft, Kirchengemeinde
- Benachrichtigung eines Geistlichen/einer Trauerrednerin oder eines Trauerredners
- Festlegung des Beisetzungstermins

- Gestaltung der Trauerkarten, selbst oder per Auftrag
- Aufgabe einer Zeitungsanzeige
- Planung eines Gottesdiensts oder einer Trauerfeier
- Bestellung oder Organisation einer musikalischen Begleitung
- Bestellung der Trauerfloristik
- Bei Bedarf Bestellung oder Organisation eines Kaffeetrinkens oder eines Imbisses nach der Beisetzung
- Beantragung des Erbscheins
- Eventuell notarielle Eröffnung des Testaments
- Abmeldung/Kündigung von Mietwohnung, Abos und weiteren Verträgen. Hier kann es hilfreich sein, die Kontoauszüge der letzten zwölf Monate zu sichten.

Rituale, die beim Abschied helfen

Rituale begleiten alle wichtigen Stationen unseres Daseins, von der Geburt über die Konfirmation und die Eheschließung bis hin zum Tod. Ich möchte Ihnen einige Gebräuche und Rituale vorstellen, die ich in Sterbefällen im Laufe meiner Tätigkeit als besonders wertvoll kennengelernt habe. Manche davon sind verbreitet, andere eher weniger – obwohl sie einen sehr persönlichen Abschied ermöglichen. Viele meinen, der Ablauf bis zur Bestattung sei weitestgehend dadurch festgelegt, »wie man das eben so macht«. Dabei gibt es zahlreiche Gestaltungsspielräume, die wir für einen persönlichen Abschied nutzen dürfen.

Aufbahrung zu Hause

Üblicherweise werden verstorbene Menschen in der Leichenhalle des Friedhofs oder in Räumlichkeiten des Bestattungsinstituts aufgebahrt, nachdem der Bestatter den Toten hierfür hergerichtet hat. In Hospizen und Pflegeheimen gibt es für gewöhnlich speziell eingerichtete Abschiedsräume. Ein solcher Ort ist in der Regel eine gute Umgebung für einen gelingenden Abschied. Und doch ist das Ambiente hier für die letzte Begegnung oft weniger persönlich und auch »unpraktischer« als daheim: Man muss in einer außerhäuslichen Umgebung Abschied nehmen, sich an Öffnungszeiten halten und vieles mehr. Das sind nicht unbedingt die besten Umstände.

Was viele nicht mehr wissen: Es ist auch möglich, den Verstorbenen zu Hause aufzubahren, entweder im Bett oder im offenen Sarg. Das, was für unsere Urgroßeltern noch Normalität war – kaum jemand hätte damals seine geliebten Menschen einem Bestattungshaus oder einer Leichenhalle überlassen –, veränderte sich durch Urbanisierung und Wohnungen, die klein sind und keine »gute Stube« mehr haben.

Eine Hausaufbahrung hat den Vorteil, dass man in vertrauten Räumen trauern und sich in Ruhe und intimer Atmosphäre verabschieden kann. Man ist nicht an Öffnungszeiten von Leichenhallen gebunden, keine Glasscheibe trennt einen von dem lieben Menschen. Zu Hause dürfen Sie die Hand des Verstorbenen halten, gemeinsam mit anderen Abschied nehmen, musizieren, beten oder mit einem Glas Wein auf den Toten anstoßen. Sie können die Nachbarn einladen, Kaffee trinken, Kuchen essen, über das Leben des Verstorbenen sprechen – oder alleine bei ihm sitzen.

Gerade nach einem plötzlichen und unerwarteten Tod kann die Aufbahrung zu Hause eine Chance sein zu realisieren, was geschehen ist. Und nach einer schweren und vielleicht langen Krankheit ist es häufig ein trostvoller Anblick. Beim Tod entspannen sich in der Regel die Muskeln, und ein friedlicher Gesichtsausdruck tritt ein, der zeigt: Die Zeit des Leidens ist nun vorüber.

In dem großen Schrecken nach dem plötzlichen Tod ihres Mannes rief die Frau sofort den Bestatter, der den Toten kurz nach dem Arztbesuch mitnahm. Erst später wurde ihr bewusst, dass sie dadurch die Gelegenheit verpasst hatte, sich noch einmal in Ruhe von ihm zu verabschieden. Es hätte ihr sicher geholfen, das tragische Geschehen besser zu begreifen und zu verarbeiten. Jetzt tat es ihr leid, dass der Bestatter ihr nicht angeboten hatte, den verstorbenen Ehemann zu Hause oder im Bestattungshaus aufzubahren. Noch lange bedauert sie den fehlenden Abschied und auch, nicht schon vor dem Sterben um einen in der Trauer hilfreichen Bestatter gewusst zu haben.

Der Gedanke, für den Abschied einen Leichnam zu besuchen, ist für Nachbarn oder Freunde häufig ungewohnt. Es kann daher sinnvoll sein, Vorkehrungen zu treffen, um der Situation ihren Schrecken zu nehmen. Eine angenehme Raumgestaltung, ein Kondolenzbuch zum Eintragen, leise, passende Musik, brennende Kerzen oder Fotos des Verstorbenen können ebenso helfen wie Vorkehrungen des Bestatters. Gute Bestatter werden Ihnen hier Unterstützung anbieten.

Wie gesagt haben Tote in der Regel einen entspannten Gesichtsausdruck. Wenn doch Veränderungen beim Aussehen eingetreten sind, erkundigen Sie sich, woran dies liegt. Logische Erklärungen können meist den Schrecken nehmen. Das gilt übrigens auch noch im Nachhinein, falls der Anblick einen Trauernden erschreckt hat.

Letzte Blicke
Der letzte Blick auf den Verstorbenen ist wichtig, um den Tod wirklich zu begreifen – und meist ein wertvoller Schritt in einen gelingenden Trauerprozess. Ich sage Angehörigen immer: Aller guten Dinge sind drei – das gilt auch für die Anzahl der Blicke, um den Toten zu betrachten. Ich möchte Ihnen an einem Beispiel erklären, was ich meine.

Der erste Blick: Ich schaue in den Aufbahrungsraum und sehe den Verstorbenen tot im Sarg liegen. Ich erschrecke. Vielleicht, weil ich es als schlimm empfinde, was mir hier so deutlich vor Augen geführt wird: Er ist wirklich tot. Er sieht *anders* aus. Da fehlt ja das Leben! Es lässt meine Knie zittern, mein Herz flattern und die Lippen zucken. Der Magen zieht sich zusammen. Ich verspüre den Drang wegzulaufen. Doch wenn ich diesem Drang nachgebe, dann ist dieser verstörende Eindruck das, woran ich mich später erinnern werde, wenn ich an seinen Tod denke. Das möchte ich nicht. Also bleibe ich und schaue erneut hin.

Der zweite Blick: Ich erschrecke nicht mehr. Nein, ich merke, dass der erste Schock vergeht. Beim zweiten Hinschauen bestätigt sich noch einmal, dass der Mensch, den ich da sehe, tot ist. Ich weine, laut oder leise, gehe näher auf ihn zu und bringe wieder Abstand zwischen uns. Ich betrachte ihn genauer: Er ist friedlich gestorben. Seine Gesichtszüge sind entspannt. Aus Erfahrung weiß ich, dass nicht alle so aussehen. Auch ein anderer Anblick wäre in Ordnung. Zu sagen »Er hat noch gekämpft, die Krankheit war hart für ihn, das sieht man ihm an«, hilft uns dann, den Anblick zu akzeptieren.

Ich nehme mir Zeit, um Details wahrzunehmen: das Hemd, das er immer zu besonders festlichen Anlässen getragen hat. Die Schuhe, an denen er so hing – und die er nun sogar auf dem Sterbebett trägt. Die Haare, die so anders aussehen und die er zu Lebzeiten nie so gekämmt hätte.

Der dritte Blick: Ich sehe immer mehr den Menschen, der da liegt. Ein Vertrauter, auch wenn die Situation so neu, so unvertraut ist. Ich berühre ihn, streiche vielleicht Salben auf seine verletzten Körperstellen, stecke ihm noch ein Pfefferminzbonbon in die Jackentasche, halte ein Zwiegespräch, bei dem ich gleichzeitig schimpfe und weine. »Warum hast du …«, »Danke für …«, »Entschuldige bitte, dass …«. Ich lege ihm die Hand auf die Schulter, schweige, setze mich hin. Gehe noch einmal auf Abstand. Rücke wieder zu ihm vor. Jetzt wird eine Nähe spürbar, besonders wenn man alleine mit dem Toten ist. Es ist eine intensive Nähe, wie es sie im Alltag nur selten gibt.

Selbst erwartete Tode vermitteln oft das Gefühl von Unwirklichkeit. Das Sehen, Spüren, Fühlen der Leiche schenkt uns das haptische und logische Begreifen. Und eine Berührung im Herzen.

Kirchliche Abschiedsrituale

Kirchliche Abschiedsrituale können sehr berührend und würdevoll sein. Sie stellen uns in eine jahrtausendealte Tradition und verbinden uns mit Menschen aus den Generationen vor uns. Ihnen wohnt eine tröstende Kraft inne, die eigene Worte selten entfalten. Im christlichen Glauben spielt der Tod eine sehr zentrale Rolle. Und immer ist er dabei verbunden mit der Hoffnung auf Auferstehung: dass der Tod nicht das Ende ist und das Leben das letzte Wort hat.

Egal ob wir daran glauben oder uns der Gedanke auf eine eher metaphorische Art anspricht, können kirchliche Abschiedsrituale großen Trost spenden.

Nicht zuletzt geben wir dem Toten auf diese Weise gute Wünsche auf seine letzte Reise mit. Eine große Hilfe bei der Verabschiedung auch für uns. Ansprechpartner hierfür sind Seelsorgerinnen und Seelsorger.

Aussegnung

Bei der *evangelischen Aussegnung* am Bett des Verstorbenen wird ein Psalm, das Vaterunser oder ein Abschiedssegen gesprochen. Auch Lieder können gesungen werden. Nach dem Tod werden der Friedensgruß und ein Segenswunsch aufgesagt. Es folgen ein Gebet, ein Abschiedssegen und eine Lesung aus der Bibel. Nach einer Zeit der Stille oder einer kurzen Ansprache wird das Vaterunser gesprochen und ein weiterer Segen über alle Anwesenden gebetet. Ein verbreiteter Abschiedssegen lautet:

Es segne dich Gott, der Vater,
der dich nach seinem Bild geschaffen hat.
Es segne dich Gott, der Sohn,
der dich durch sein Leiden und Sterben erlöst hat.
Es segne dich Gott, der Heilige Geist,
der dich zum Glauben gerufen und geheiligt hat.
Gott, der Vater und der Sohn und der Heilige Geist
geleite dich durch das Dunkel des Todes.

Er sei dir gnädig im Gericht
und gebe dir Frieden und ewiges Leben. Amen.

Dieses Gebet können Sie auch alleine sprechen, wenn Sie am Totenbett Abschied nehmen.

Die *katholische Aussegnung* umfasst das Kreuzzeichen, eine Begrüßung, einen Psalm und den Kyrie-Ruf, bei dem um Hilfe aus dem Leid gebeten wird. Danach folgen das Vaterunser und ein Abschlusssegen. Für die Krankensalbung bzw. Aussegnung können Sie nach Seelsorgern und Seelsorgerinnen fragen. Stimmen Sie sich bei Bedarf mit diesen ab: Sie müssen sich nicht an vorgegebene Gebete und Textstellen aus der Bibel halten, wenn Ihnen eigene Worte lieber sind.

Die alleinerziehende Mama der sechsjährigen Lena stirbt nach einem Unfall im Krankenhaus. Lenas Erzieherin wird im Kindergarten darüber informiert und fährt gemeinsam mit dem Kind, der Schwester der Mutter, dem Gemeindepfarrer und mir in das Hospital. Dort hat man die Verstorbene in einem kleinen Raum aufgebahrt, um einen ersten Abschied zu ermöglichen.

Vorab haben wir Lena vom Tod der Mutter erzählt, Fragen beantwortet und Tränen getrocknet. Lena hat ein Bild für die Mama gemalt und vor dem Kindergarten eine Blume pflücken dürfen. Christoph, der Gemeindepfarrer, der Lena durch den Kindergarten bekannt war, fährt das Auto. »Sollen wir bei deiner Mama gleich ein Lied singen?«, fragt er das Kind. Das Mädchen nickt, und so überlegen sie, was gesungen werden könnte. Man einigt sich auf das Lied: *Das wünsch ich sehr, dass immer einer bei dir wäre, der lacht und spricht: Fürchte dich nicht.* Am Bett der toten Mama weint Lena auf dem Arm der Tante, um dann Fragen zu stellen und die Mama mit Bild und Blume zu schmücken. Alle stehen um das Bett herum, und Christoph, der Priester, legt sich die Stola um. Mit dem ritualisierten Anlegen des Teil-Messgewandes kehrt eine besondere Ruhe ein – in der Traurigkeit kommt eine Feierlichkeit auf. Nach dem Kreuzzeichen spricht Christoph zu allen Anwesenden und schlägt vor, dass alle, die mögen, ihre Hand oder Hände auf die Decke der Mutter legen, um ihr nahe zu sein. So beten wir gemeinsam das Vaterunser, und plötzlich ist der kleine Raum im Krankenhaus gefüllt mit Gemeinschaft und Heiligkeit. Der Priester segnet die Mutter, das Kind und alle Anwesenden. Dann singen wir das Lied, machen die Bewegungen mit, die Lena aus dem Kindergarten kennt. Als wir das Krankenhaus verlassen, ist ein Trost in der Traurigkeit spürbar.

Einsargung
In Ostfriesland ist das Ritual der »Einsargung« noch verbreitet. Sie findet am Abend des Sterbetages oder am folgenden Tag statt, meist in der Friedhofskapelle bzw. der Leichenhalle. Der Tote wird im Sarg aufgebahrt, und die Angehörigen und Freunde kommen – vorbereitend zur eigentlichen Trauerfeier – zu einer kurzen Andacht zusammen. Im Vergleich zur eigentlichen Trauerfeier ist der Rahmen persönlicher. Zudem ist die Einsargung für viele Hinterbliebene eine gute Vorbereitung auf die Beerdigung. Sie hilft, im Beisein der nächsten Angehörigen das Geschehene zu begreifen.

Sonderwünsche
Vielleicht haben Sie auch spezielle Wünsche, was den Abschied angeht. So gibt es etwa Menschen, die ihre Verstorbenen so lange im Bestattungsinstitut aufgebahrt lassen, bis sie das Gefühl haben, die Seele hätte nun den Körper verlassen. Scheuen Sie sich nicht, über solche Wünsche mit dem Bestatter zu sprechen. Suchen Sie einen, der ein Möglichmacher ist und nicht direkt sagt: »Das geht aber nicht.« Einen, der gemeinsam mit Ihnen überlegt, wie ein gelungener Abschied aussehen kann.

Schwarze Kleidung tragen

Ein verbreitetes Ritual war es früher, dass Witwen schwarze Kleidung trugen. In der Regel ein ganzes Jahr lang. Das Sprichwort »in Sack und Asche gehen« kommt im Alten Testament schon vor, wo sich die Israeliten in der Trauerzeit Asche auf den Kopf streuten und sich in dunkles, grobes Tuch kleideten.

Mittlerweile gibt es – zumindest in der Stadt – keine vorgeschriebene Kleiderordnung mehr für die Trauerzeit. Dennoch ist es einigen Menschen wichtig. Das Tragen dunkler Kleidung kann dem Umfeld zeigen, dass man in Trauer ist und nun der nötige Raum oder Abstand gebraucht wird. Zudem können einige Verwitwete es als Zeichen der Verbundenheit und der Wertschätzung dem Toten gegenüber empfinden.

Ob man dieses Ritual für sich umsetzt oder nicht, muss jede Frau, und auch der Mann, der sich für schwarze Kleidung entscheidet, selbst bestimmen. Der Verlust bringt schon genügend Veränderungen und dunkle Zeiten mit sich, da kann es wertvoll sein, sich nicht zusätzlich in ungewünschte Normen pressen zu müssen.

»Von schwarzer Kleidung bitten wir abzusehen« – dieser Hinweis für die Beerdigung ist immer häufiger in Todesanzeigen zu lesen. Vielleicht wäre es angemessener, darauf hinzuweisen, dass nicht *ausschließlich* schwarze Kleidung getragen werden muss. So kann jeder der Trauergäste die Farben tragen, die ihm passend und würdig erscheinen.

Anita wünschte sich für ihre Beerdigung, dass die Menschen in den Farben des Lebens, von Silber über Grün und Rot bis Schwarz, kommen dürfen.

***

Margit, eine junge Witwe aus einer Trauergruppe, kleidete sich nach dem Tod ihres Mannes monatelang komplett in Schwarz. »Wie lange wirst du das machen?«, fragte ich sie.

»Die Zeit wird es mir zeigen«, antwortete Margit. Eines Tages erschien sie mit orangefarbenen Flip-Flops, einer ersten Farbveränderung, die allen anderen im Raum sofort auffiel. Eine Farbveränderung, die auch etwas mit dem Trauerprozess zu tun hatte, in dem sich etwas gewandelt hatte.

Wenn Rituale ihren Sinn verlieren

Rituale sind nur dann hilfreich, wenn sie bewusst begangen werden. Häufig führen wir sie aber aus, ohne zu wissen, was der ursprüngliche Sinn dahinter war. Dann verpuffen sie, ohne ihre Wirkung zu entfalten. Dazu zwei Beispiele: In vielen Gegenden ist es üblich, das Fenster zu öffnen, wenn jemand gestorben ist. Dahinter steht ursprünglich die christlich geprägte Vorstellung, dass die Seele im Moment des Todes den Körper verlässt und in den Himmel auffährt. Um ihr den Weg zu erleichtern, öffnete man ihr ein Fenster. Man mag heute über diese Vorstellung lächeln, aber dieses Ritual hat einen sehr praktischen Zweck: Der Hinterbliebene »entlässt« den Verstorbenen in seine neue Wirklichkeit – eine Hilfe auch für ihn selbst, die Endgültigkeit des Vorgangs zu begreifen und ihn gehen zu lassen. Gleichzeitig lässt man auch frische Luft in das Zimmer hinein – was den An- und Zugehörigen ebenfalls guttut. Mit dieser Information im Hinterkopf kann das Ritual auch dann hilfreich sein, wenn wir selbst nicht glauben, dass es eine Seele gibt, geschweige denn, dass sie – um ihren Weg ins Jenseits zu finden – darauf angewiesen wäre, dass wir ihr ein Fenster öffnen.

Ein anderes Beispiel: Früher wurden verstorbene Menschen zu Hause von ihren Angehörigen gewaschen, angezogen und aufgebahrt. Das ist auch heute noch möglich, geschieht jedoch kaum noch. Ursprünglich bedeutete die Waschung ein liebevolles Reinemachen und Vorbereitung für die Ewigkeit. Eine letzte Zärtlichkeit, ein Liebesdienst, der den Zurückbleibenden gleichzeitig begreifen lässt, was geschehen ist.

Heute bieten Bestattungsinstitute an, den Verstorbenen zu waschen, unabhängig davon, ob er verschmutzt ist oder nicht. Dabei wird der Leichnam in der Regel auf eine Edelstahlbahre gelegt, abgeduscht und abgetrocknet. Diese Waschung dient in dieser Form einzig und allein der hygienischen Reinigung – und ist in den meisten Fällen unnötig, denn in der Regel versterben Menschen gepflegt.

So wird ein ursprünglich bedeutsames Abschiedsritual zu einem sinnentleerten »Saubermachen«. Ich selbst ermutige Hinterbliebene immer: Fragen Sie nach dem Sinn von Abschiedsritualen. Geben Sie sich nicht mit einem »Das macht man eben so« zufrieden. Vielleicht werden diese Abschiedsrituale für Sie eine ganz neue, wertvolle Bedeutung bekommen und Ihnen helfen, sich persönlich, würdevoll und angemessen zu verabschieden. Oder Sie stellen fest, dass Sie darauf verzichten möchten, weil es nicht zu Ihnen und zum Verstorbenen gepasst hätte.

Und auch an dieser Stelle noch einmal der Hinweis: Suchen Sie ein Bestattungsinstitut oder einen Bestatter auf, der Ihnen nicht nur Arbeit abnimmt, sondern auch beratend zur Seite steht. Nehmen Sie sich ein Beispiel an Frauen, die für die Geburt ihres Babys auch schon Wochen, manchmal Monate zuvor ein Krankenhaus aussuchen, in dem sie gebären möchten. Keiner Frau ist es egal, wo ihr Kind zur Welt kommt. Ebenso wenig sollte die Bestatterauswahl dem Zufall überlassen werden.

Eigene Rituale gestalten

Vielleicht finden Sie aber auch keinen Zugang zu den altbekannten Ritualen, selbst wenn Sie um deren Bedeutung wissen. Dann scheuen Sie sich nicht, eigene Rituale zu »erfinden« und zu gestalten. Das ermöglicht es Ihnen, den Abschied persönlich zu halten: nicht mit den üblichen Abläufen und Vorgängen, sondern so, wie es Ihrer Beziehung zu dem Verstorbenen entspricht.

Ich stehe mit Max (7), Sarah (5) und Matthes (4) am Sarg ihrer Mama, die vor zwei Tagen gestorben ist. Den ursprünglich weißen Sarg haben sie gerade rundum mit Edding und Glitzerkleber bemalt.

»Wo ist denn der Deckel zum Zumachen?«, fragt Max nach getaner Arbeit.

»Der steht noch im Lager«, sagt Philip, der junge Bestatter.

»Können wir den holen?«, fragt Sarah.

»Warum nicht?!« Philip zieht mit den drei Kleinen los, um ihn zu holen. Kurz darauf kommen sie mit einem Rollwagen zurück. Vorsichtig und hoch konzentriert manövrieren sie den Deckel in den Aufbahrungsraum. Wer nicht weiß, dass hier eine tote Mutter betrauert wird, ahnt es kaum.

»Kannst du mich hochheben?«, fragt der vierjährige Matthes Philip. Der kommt der Bitte nach, sodass der kleine Kerl innen im Deckel malen kann. Er nutzt Glitzerfarbe und fragt dann wieder: »Kannst du etwas draufschreiben? Ich kann noch nicht schreiben.« Philip schaut mich an, und ich nicke. Und dann schreibt er auf Matthes Wunsch in rotem Glitzer »Für Mama« über das von dem Kind gemalte Herz.

»Ich habe mal ein paar Kekse für uns mitgebracht«, sagt Philip etwas später und stellt eine große Dose Herzkekse auf das Tischchen neben den Sarg. Was für eine tolle Idee. Das wichtigste Ritual im Familienleben ist die gemeinsame Mahlzeit. Man stärkt den Körper mit Nahrung und die Seele mit Gemeinschaft und Liebe. So hat die Mama noch einmal an einer Mahlzeit teil.

»Oh! Herzkekse mochte Mama immer sooo gerne«, sagt Sarah.

»Darf ich Mama auch welche in den Sarg legen?«, fragt Max. Philip erlaubt es ihm. Und ehe wir uns versehen, haben Sarah und Max die halbe Dose Plätzchen auf der Sargdecke verteilt.

»Halt, stopp!«, sage ich. »Die anderen hier möchten vielleicht auch welche essen!«

»Okay«, sagt Sarah unbekümmert und ergänzt: »Guck mal, wie schön die Mama jetzt aussieht. Mit Blumen und Plätzchen.«

»Und Bildern«, sagt Max.

»Und Glitzer«, sagt Matthes.

Wir müssen leise lachen, denn jeder im Raum glitzert etwas.

»Philip, nimmst du mich noch mal auf den Arm? Ich kann nix sehen«, sagt Matthes da. Der junge Bestatter nimmt den kleinen Kerl auf den Arm, der sich die Mama noch ein letztes Mal in aller Ruhe anschaut. Und währenddessen greift Sarah in den Sarg und holt zwei Kekse heraus: Einen gibt sie Max, einen isst sie selbst. Und Matthes sagt: »Ich will auch einen Keks von der Mama!«

Ich denke: Wenn ich als Mama im Sarg liegen würde und meine Kinder würden einfach da sein, traurig, aber ohne Angst, wie schön wäre das? Und laut sage ich zu der toten Mama: »Tolle Kinder hast du da!«

Kapitel 5

BESTATTUNG UND BEERDIGUNGSFEIER

Ich spreche mit Claudia. Sie erzählt mir, dass sie ihren achtjährigen Sohn Luca, der gerade an einer Herzerkrankung verstorben ist, seebestatten lassen möchte. Aus meiner Erfahrung weiß ich, dass viele diesen Beschluss später bereuen, weil sie keinen Ort haben, an dem sie um den Verstorbenen trauern können. Ich weise Claudia darauf hin, doch sie erwidert: »Weißt du, darüber habe ich auch nachgedacht. Aber ich habe mit Luca vor seinem Tod über das gesprochen, was er sich wünscht. Und für ihn war ganz klar: Er will als Orca wiederkommen!«

Claudia war sich wirklich sicher in ihrer Entscheidung. Man spürte, dass es die richtige war. Bei diesem Gespräch habe ich mal wieder gemerkt, wie wichtig es ist, sich über die passende Art der Bestattung Gedanken zu machen. Sie muss sowohl den Hinterbliebenen als auch dem Verstorbenen gerecht werden. Und vor allem sollte man dabei das Gefühl haben, dass es wirklich »passt«. So wie in diesem Fall!

Um herauszufinden, welche Art der Bestattung die richtige ist, ist es wichtig, sich folgende Fragen zu stellen: Welche Möglichkeiten gibt es überhaupt? Was sind die Vor-, was die Nachteile? Worauf können wir bei der Auswahl achten? Wie kann ich die Trauerfeier so gestalten, dass sie dem Verstorbenen gerecht wird und gleichzeitig den Hinterbliebenen die Möglichkeit zu einem echten Abschied bietet? Es ist mehr als hilfreich, schon zu Lebzeiten darüber zu sprechen.

Bestattungsarten
In Deutschland gibt es verschiedene zulässige Bestattungsarten.
 Mit Ausnahme des Bundeslandes Bremen besteht grundsätzlich überall der sogenannte Friedhofszwang. Friedhofszwang meint das Verbot, die physischen Reste eines toten Menschen (also den Sarg mit der Leiche oder die Urne mit der Asche) an einem anderen Ort als auf einem Friedhof aufzubewahren. Der Grund hierfür ist die Sorge um Hygiene. Einzige Alternative ist die Seebestattung, bei der die Asche des verbrannten Leichnams auf dem offenen Salzgewässer verstreut wird.

Erdbestattung
Die Erdbestattung wird von den monotheistischen Religionen der Feuerbestattung vorgezogen. Sie findet auf einem Friedhof statt. Der verstorbene Mensch wird in einem Sarg in ein etwa zwei Meter tiefes Grab gelegt. Diese Art der Bestattung ermöglicht ein würdevolles Übergeben des Leichnams in die Erde, und die Hinterbliebenen haben später die Möglichkeit, am Grab zu trauern.
 Man kann entweder ein Reihen- oder ein Familiengrab wählen. Letzteres muss erworben werden, dafür bleibt das Grab für eine längere Zeit erhalten als die übliche Frist von 20 bis 30 Jahren. Zudem können Familien hier gemeinsam bestattet werden. Im Internet sind auf den Seiten der Städte, Kommunen und Gemeinden die jeweiligen Friedhofs- und Gebührensatzungen veröffentlicht. Hier ist ersichtlich, welche Grabarten und Bestattungsarten auf den örtlichen Friedhöfen möglich sind. Auch die Preise und die Dauer des Nutzungsrechtes sind hier verzeichnet.
 Eine Erdbestattung kann frühestens 48 Stunden nach dem Tod stattfinden, der spätestmögliche Zeitpunkt ist von Bundesland zu Bundesland unterschiedlich. Er liegt zwischen vier und zehn Tagen.

Feuerbestattung
Dieser Begriff beschreibt eigentlich nicht die Bestattung, sondern den Prozess der Kremation. Hier wird der Leichnam mit einem

Holzsarg, der für den Verbrennvorgang benötigt wird, in den über 1000° C heißen Ofen gefahren. Zur Identifizierung dient ein beschrifteter Schamottestein, der mit in das Feuer kommt, aber nicht verbrennen kann. Einige Krematorien bieten An- und Zugehörigen die Möglichkeit, dem Kremationsprozess beizuwohnen. So kann noch eine kleine Abschiedszeremonie stattfinden, bevor der Sarg mit dem Leichnam dem Feuer übergeben wird.

Die Verbrennung dauert ein bis zwei Stunden. Nach dem Verbrennungsvorgang werden Implantate, Metallstücke und Sargnägel aussondiert. Die groben Aschestücke werden in einer Knochenmühle zerkleinert. Vom erwachsenen Menschen bleiben nach der Kremation ungefähr dreieinhalb bis fünf Kilo übrig. Die Asche, die feinem Split ähnelt, wird mit dem nummerierten Schamottestein in eine Aschekapsel gefüllt und verplombt. Auf den Deckel wird ein Namensschild mit dem Geburts- und Sterbedatum geklebt. Die Urne kann in einem Grab, einer Stele oder in einem Kolumbarium beigesetzt oder auf hoher See den Wellen übergeben werden.

Wird nach Ablauf der Ruhezeit beim Ausheben des Grabes eine nicht verrottete Urne entdeckt, wird ihre Asche meist in einem Gemeinschaftsgrabfeld vergraben oder verstreut. Auch die Asche der in Urnenhallen beigesetzten Urnen wird nach Ablauf der Ruhezeit verstreut oder begraben.

Das Verhältnis zwischen Erd- und Feuerbestattung hat sich stark verändert. Nach Angabe der Verbraucherinitiative Aeternitas lag der Anteil der Feuerbestattungen im Jahr 2018 bei 68 % (Tendenz steigend), der Anteil der Erdbestattungen bei 32 % (Tendenz sinkend).

In Deutschland gilt, wie gesagt, der Friedhofszwang. In vielen europäischen Nachbarstaaten existiert dieser nicht, sie verfahren durchaus liberaler, wie z. B. die Niederlande, Schweiz oder Tschechien. Eine Aufbewahrung der Asche zu Hause ist dort erlaubt.

Naturbestattung
Bei der Naturbestattung wird die kompostierbare Urne in einem Bestattungswald beigesetzt. In diesem Bestattungswald wird die Asche ohne erkennbares Grab an einem Baum beigesetzt. Manchmal weisen Namensschilder am Baumstamm auf den Verstorbenen hin. Grabsteine und Grabschmuck dürfen nicht niedergelegt werden. Es gehört zum Konzept der Bestattungswälder, dass die Natur die Grabpflege übernimmt. In Deutschland gibt es verschiedene Betreiber solcher Bestattungswälder, wie z. B. Friedwald® oder RuheForst®. Wegen einer stetig steigenden Nachfrage stellen sich jedoch auch die Kommunen und Gemeinden auf diese Wünsche ein.

Seebestattung
Unter einer Seebestattung versteht man die Beisetzung der Asche im Meer. Urnen aus Deutschland werden hauptsächlich in der Nord- oder Ostsee, im Atlantik oder im Mittelmeer beigesetzt. Die Beisetzung in Flüssen ist in Deutschland nicht gestattet. Die Asche wird in einer speziellen See-Urne, die sich vollständig auflöst, dem Wasser übergeben. Damit die Urne schnell im Meer absinkt und nicht mehr auftaucht, ist sie – neben der Asche – auch mit Kies, Wasser oder Sand beschwert. Eine weitere Möglichkeit ist die Verstreuung der Asche im Meer. Sind die Angehörigen bei der Seebestattung mit an Bord des Schiffes, spricht man von einer begleiteten, andernfalls von einer stillen Seebestattung. Der Kapitän, An- und Zugehörige oder Trauerredner halten eine Trauerrede, bevor die Urne über »rauem Grund« dem Meer übergeben wird. Der »raue Grund« bezeichnet Gegenden, in denen nicht gefischt und kein Wassersport betrieben werden darf. Die Angehörigen können Blumenblätter ins Wasser streuen, Kränze und Schleifen sind aus Umweltschutzgründen nicht erlaubt. Die Position der Urnenbeisetzung wird in einem Logbuch festgehalten und den Angehörigen als Karte überreicht.

Anonyme Bestattung
Hier wird auf jegliche Namensnennung verzichtet, die Angehörigen wissen in der Regel nicht, an welchem Platz sich das Grab befindet. Einige Sterbende wünschen sich die anonyme Bestattung, weil sie den Angehörigen nicht zur Last fallen wollen. Manche Angehörige glauben, dass eine Grabpflege von ihnen zeitlich nicht geleistet werden kann. Viele bedauern allerdings im Nachhinein, keinen Ort zum Trauern und Ablegen von Blumen zu haben.

Zum Nachdenken: Zu Lebzeiten ist es uns sehr wichtig, einen Namen zu haben. Wir wollen gesehen und beim Namen genannt werden. Eine Erinnerungs- und Bestattungskultur wäre ohne Namen und die damit verbundenen Geschichten nicht entstanden. Ein Grab ohne Namen will gut überlegt sein.

Körperspende
Bei der Körperspende wird der Leichnam an ein anatomisches Institut zu Lehr- oder Forschungszwecken oder zur Plastination (bekannt durch die Ausstellung »Körperwelten«) übergeben. Dahinter steht der Wunsch, die medizinische Forschung oder die Ausbildung von Medizinstudenten zu unterstützen. Der Körperspender muss die Bestattungskosten vorab durch eine Sterbeversicherung oder ein Sparbuch zugunsten der Universität regeln.

Um seinen Körper nach dem Tod der Wissenschaft zur Verfügung zu stellen, muss zu Lebzeiten bereits der Kontakt zu dem anatomischen Institut einer Universitätsklinik aufgenommen werden. Für eine Körperspende gibt es verschiedene Voraussetzungen, die im Vorfeld zu klären sind, wie z. B. Alter, Vorerkrankungen oder infektiöse Erkrankungen.

Es ist möglich, dass zwischen Eintritt des Todes und der Beisetzung ein Zeitraum zwischen ein und drei Jahren liegt. Es ist ratsam, das innerhalb der Familie zu besprechen, weil eine lange Wartezeit bis zur Bestattung für viele An- und Zugehörige einen fehlenden Abschluss bedeutet.

Nachdem ihr Ehemann anonym beigesetzt worden war, wurde Frau Müller bewusst, dass ihr ein Grab zum Trauern fehlte. »So lange waren wir zusammen, und auf einmal ist er weg. Ich habe noch nicht mal einen Ort, wo ich hingehen kann, um zu trauern. Wir haben ja keine Kinder, und da dachten wir, es ist besser, wenn wir uns anonym beerdigen lassen. Wer soll denn später einmal unsere Gräber pflegen? Aber jetzt denke ich, ich hätte es ja zumindest bis zu meinem Tod machen können ...«

So überlegten wir, ob sie nicht vom Friedhof eine Handvoll Erde in einem kleinen Eimerchen nach Hause holen könnte, um sie in ihrem Garten auszustreuen.

Der Gedanke gefiel ihr, und sie wusste auch sofort, wo in ihrem Garten diese bedeutsame Erde einen Platz bekäme. Noch am selben Nachmittag streute Frau Müller eine Handvoll Friedhofserde unter das Rosenbeet, das ihr Mann so geliebt hatte.

Ein solches Überbrückungsritual ist übrigens auch nach einer Seebestattung möglich, indem Sie Wasser oder Sand vom Seebestattungsort mit nach Hause nehmen und im Garten, auf dem Balkon, in einem Blumentopf oder in einer Schale platzieren.

Persönliche Gestaltung der Trauerfeier
Neben der Art der Bestattung ist die Gestaltung der Trauerfeier besonders wichtig. An diese werden sich die Trauernden lange erinnern, und ein würdiger Abschied ist den Hinterbliebenen eine große Hilfe in ihrer Trauer.

Hier ist es möglich, dass Sie
- als Angehörige, Freunde oder Nachbarn den Sarg oder die Urne zum Bestattungsort tragen;
- die Trauerfeier mit Texten und Liedern mitgestalten – dabei ist es immer sinnvoll, sich mit dem Geistlichen bzw. dem Trauerredner abzusprechen;

- einen Kranz selbst binden und Kranzschleifen gestalten. Erkundigen Sie sich in Ihrem Blumengeschäft nach dem Material, das Sie benötigten. Zur Beschriftung der Kranzschleifen können Sie Abtönfarbe und dünne Pinsel im Baumarkt kaufen;
- dem Bestatter Bilder zukommen lassen, die dieser am Sarg anbringt; vielleicht lassen Sie sich auch Bilder von Angehörigen zuschicken, insbesondere solchen, die nicht an der Trauerfeier teilnehmen können;
- Blumenblüten als Zeichen der Liebe und des Lebens ins Grab werfen;
- Erde ins Grab werfen, um den Kreislauf der Natur zu spüren: Erde zu Erde!;
- das Grab selbst zuschaufeln, um dem Verstorbenen einen letzten Gefallen zu tun.

Die achtjährige Carla hat auf dem Schulweg einen Unfall und wird dabei tödlich verletzt. Carlas Eltern bemalen die Urne von innen und schreiben Dinge hinein, die für andere nicht sichtbar sind. Außen haben Vater und Mutter ihre farbigen Handabdrücke hinterlassen. »Wir sind bei dir« hat die Mutter mit goldenem Lackstift auf den Urnendeckel geschrieben.

Carlas Eltern tragen die Urne nach dem Auferstehungsgottesdienst zum Familiengrab.

Der Anblick ist berührend. Viele Menschen weinen. Der Bestatter geht, wie vorher abgesprochen, hinter den Eltern her, um da zu sein, wenn Hilfe benötigt wird. Gemeinsam lassen die Eltern die Urne vorsichtig in das Grab hinunter. Sie sind ganz ruhig dabei. Die vielen Trauergäste drum herum sind es, die weinen. Während er mit der Hand Erde in das Grab streut, beginnt der Vater mit brüchiger Stimme ein Gutenachtlied zu singen, die Mutter fällt mit ein. »Das haben wir immer am Abend beim Zubettgehen für Carla gesungen, als sie noch klein war«, sagen beide später zum Pfarrer.

»Unglaublich, wie man so was schaffen kann«, sagt eine Frau, die unter den Trauergästen ist.

»Unglaublich, dass man das schafft«, sagt auch die Mutter eine Woche später im Beisein ihres Mannes zu mir. »Wenn ich bedenke, dass mein Mann Carla erst gar nicht sehen wollte, und wir sie jetzt sogar auf ihrem letzten Weg getragen und an ihrem Grab gesungen haben … Ich hatte so eine Kraft in mir und bin so froh, dass wir das für unser Kind gemacht haben.«

Ab welchem Alter sollten Kinder mit zur Beerdigung kommen?
Wenn Kinder eine Bezugsperson, im besten Fall ihre Eltern, dabeihaben, können sie in jedem Alter mit zur Trauerfeier kommen. Wenn Eltern die Sorge haben, dass sie aus eigener Betroffenheit ihren Kindern keine Hilfe sein können, ist es sinnvoll, eine weitere Vertrauensperson zu bitten mitzukommen. Das können Paten, Freunde oder auch Erzieher sein.

Als die kleine Luisa starb, fragten die Eltern, ob sie die beiden Geschwister, die sechsjährige Lina und den vierjährigen Luca, mit zur Beerdigung nehmen sollen. Ich fragte sie, wie es sich für die Kinder wohl anfühlen würde, wenn alle Bekannten, Verwandten – und sogar Menschen darüber hinaus – zur Abschiedsfeier der kleinen Schwester kommen dürften, sie als Geschwister aber ausgeschlossen wären. Wir sprachen auch darüber, wie wichtig es für die Familie ist, die traurigen, aber auch die hoffnungsvollen Momente gemeinsam zu erleben. »Daran haben wir gar nicht gedacht«, antworteten sie. »Wir wollten nur nicht, dass die beiden von der Traurigkeit überrollt werden.« Ich erklärte ihnen noch, dass es wichtig ist, die Kinder vorzubereiten und ihnen zu erklären, wie eine Beerdigung abläuft und dass viele Menschen weinen werden, weil sie so traurig sind.

Gemeinsam hatten wir noch die Idee, dass die Eltern zusammen mit den Kindern Grabkerzen mit Eddingstiften bemalen, um sie bei der Trauerfeier und später am Grab anzuzünden.

Auch in die Innenseite des Kerzendeckels konnten sie eine Botschaft malen oder schreiben. So waren sie nicht der allgemeinen Fassungslosigkeit ausgeliefert, sondern konnten aktiv werden und etwas Liebevolles für Luisa gestalten.

***

Als der Vater der zweijährigen Mathilda stirbt, möchte die Mutter die Kleine mit zur Beerdigung nehmen. Doch die Großeltern und der Bruder des Verstorbenen wehren sich gegen den Gedanken. »Dafür ist sie noch zu klein!«

Der Mutter ist es aber wichtig, und so bittet sie mich, einen Tag vor der Beerdigung mit der Familie zu sprechen. Gemeinsam mit der Mutter, dem Onkel, den Großeltern väterlicherseits und einem befreundeten Paar sitze ich in der Küche beisammen. Mathilda sitzt mit Papier und Stiften am Tisch und malt.

»Das Kind ist noch zu klein, es wird Schaden nehmen, wenn es den Sarg in der Kapelle und im Grab sieht«, eröffnet die Oma das Gespräch. »Ich glaube, es ist besser, wenn sie erst zum Grab geht, wenn dort die Erde aufgefüllt ist und die ersten Blumen wachsen. ›Das ist jetzt Papas Garten‹, können wir ihr dann sagen.«

Ich erkläre, dass Mathilda noch nicht versteht, was der Tod wirklich bedeutet, und dass die Beerdigung aus diesem Grund auch keine beängstigende Situation sein wird. Der Papa ist für sie weg, aber im nächsten Augenblick, wenn sie abgelenkt ist, vergisst sie sein Fortsein. Anders hingegen sei es mit der Traurigkeit, die im Haus herrscht. Die spüre sie deutlich. »Deswegen ist es so wichtig, ihr den Grund dafür zu sagen«, erkläre ich: »Etwa: ›Wir sind traurig, weil Papa tot ist.‹ Später wird sie durch Fotos und Erzählungen erfahren, dass sie bei der Beerdigung mit dabei sein durfte. ›Schau, wie klein du da warst‹, könnten die Mama oder Großeltern ihr sagen, wenn sie mit ihr die Fotos betrachten. ›Aber trotzdem haben wir dich mitgenommen, weil es doch dein Papa war, der dort beerdigt wurde.‹«

»Ich weiß nicht, so eine Beerdigung ist eine echte Belastung«, sagt der Opa.

»Wenn das wirklich eine zu schwere Belastung wäre«, denke ich laut nach, »dann müsste man nicht nur Mathilda vor der Beerdigung schützen. Wissen Sie, Männer können nicht gut mit Traurigkeit umgehen, sie unterdrücken ihre Trauer häufig und sind dadurch eher herzinfarktgefährdet. Vielleicht bleiben Sie besser auch zu Hause?«

Dann wende ich mich der Großmutter zu.

»Allgemein wird behauptet, dass es der schlimmste aller Verluste ist, wenn das eigene Kind stirbt. Aus diesem Grund wäre es vielleicht gut, wenn Sie als Mutter auch nicht zur Beerdigung Ihres Sohnes gehen würden.«

Nachdenklich schauen mich die beiden an. Sie verstehen, was ich ihnen sagen will.

Nur der Onkel ist noch immer nicht überzeugt: »Ich möchte nicht, dass sie sieht, wenn ich weine«, sagt er.

»Im Umkehrschluss bedeutet das, dass Mathilda nicht zur Beerdigung ihres eigenen Papas mitkommen darf, weil Sie in Ruhe weinen möchten«, fasse ich sein Argument zusammen. »Sie sollten sich überlegen, ob Sie dem Kind wirklich vorenthalten wollen, was Sie selbst so dringend brauchen: Dabei zu sein, wenn Ihr Bruder beerdigt wird, um zu verstehen, was man nicht glauben mag. Um sich zu verabschieden. Um zu weinen, weil er es wert ist.«

Da schaltet sich der Freund der Familie ein, der bislang schweigend zugehört hat: »Und wisst ihr was? Für Mathilda wird es hilfreich sein zu sehen, dass ihr alle, die ihr sonst so stark seid, auch mal weint. Das ist doch viel besser, als wenn alle vor dem Kind so tun, als ob es ihnen nichts ausmachen würde.«

Oma und Opa nicken. Der Bruder sagt nachdenklich: »Das stimmt wohl.«

Da blickt Mathilda auf und reicht der Mama ein Bild rüber: »Für Papa«, sagt sie. Dieses Bild hat sie ihm am nächsten Tag mit ins Grab gegeben.

»Von Beileidsbekundungen am Grab bitten wir abzusehen«
Diese Bitte ist manchmal auf Einladungen zur Trauerfeier zu lesen. Wenn ich Trauernde frage, warum sie diese aussprechen, stellt sich meistens heraus, dass sie Angst haben, in der Öffentlichkeit weinen zu müssen. Sie befürchten, am Grab zusammenzubrechen, oder haben Sorge, von den Beileidswünschen »erschlagen« zu werden. Vielen ist nicht bewusst, dass Worte von Trauergästen am Grab Zuspruch bedeuten und sowohl den Gästen als auch ihnen selbst guttun können.

Stellen Sie sich vor, Sie würden eine Geburtstagseinladung versenden und darauf vermerken, dass von Gratulationen abgesehen werden soll. Was sollten die Geburtstagsgäste anstelle der Glückwünsche zu Ihnen sagen? Tauchen damit nicht nur Unsicherheiten auf?

Wenn Sie die Beileidsbekundungen zulassen, werden Sie feststellen, dass sie Ihnen tatsächlich Kraft geben. Wenn Sie Angst haben, die Beileidsbekundungen nicht so lange aushalten zu können, bitten Sie den Bestatter, Ihnen etwas seitlich eine Bank oder eine andere Sitzgelegenheit bereitzustellen, auf die Sie sich zurückziehen können. Sie haben auch jederzeit das Recht zu gehen, ohne sich erklären zu müssen. Beschränken Sie sich nicht aus Unsicherheit, sondern nutzen Sie Ihre Freiheit, bleiben *und* gehen zu dürfen.

Wie kann ich Menschen in Trauer begegnen?

Die Klassenlehrerin der dritten Klasse erscheint nicht zum Unterricht. Die Vertretung informiert die Kinder darüber, dass ihre Lehrerin für einige Tage nicht zur Schule käme, weil ihr Vater gestorben sei. Dann sagt sie den Jungen und Mädchen: »Und wenn sie dann wiederkommt, dann sprecht sie nicht darauf an. Wisst ihr, das würde sie nur noch trauriger machen.«

Samuel kommt ganz empört aus der Schule nach Hause. »Mama!«, sagt er. »Der Papa von meiner Lehrerin ist gestorben, und deshalb war sie heute nicht in der Schule. Bestimmt ist sie voll traurig. Und wenn sie wiederkommt, Mama, dann müssen wir ihr doch sagen, dass wir das auch traurig finden, weil ja ihr Vater jetzt tot ist! Aber die andere Lehrerin hat gesagt, wir sollen nix sagen …!« Empört schmeißt er seinen Schultornister in die Ecke. Er versteht das nicht.

Seine Mama Michaela arbeitet in einem Hospiz. Sie kennt sich aus mit dem Traurigsein und hat ihrem Sohn schon von klein auf vermittelt, dass Trauer etwas ist, was angesprochen werden darf. Auf jeden Fall!

Michaela ermutigt ihren Sohn und bestärkt Samuel darin, seiner Klassenlehrerin trotzdem zu sagen, wie schade er es findet, dass ihr Vater gestorben ist. Sie ist stolz auf ihn.

Samuel ist erleichtert. Er sucht sich ein neues Schreibheft aus dem Küchenschrank und schreibt seiner Lehrerin einen Beileidsbrief. Was hat die für ein Glück, einen so tollen Kerl in ihrer Klasse zu haben!

Viele Menschen fühlen sich verunsichert, wenn Freunde oder Bekannte einen Trauerfall in der Familie haben. Sie wissen nicht, wie sie darauf reagieren sollen. Das Thema Tod erfüllt viele mit Unbehagen oder erinnert an eigene Verluste.

Ich kann Sie nur ermutigen: Gehen Sie dem Betroffenen nicht aus dem Weg. Drücken Sie ihm Ihr Mitgefühl aus, wenn Sie ihm begegnen. Wichtig: Spielen Sie den Verlust nicht herunter. »Nun ist sie ja erlöst« oder »Alles wird wieder gut!« ist sehr oberflächlich und nimmt die Trauer des anderen nicht ernst. Die Situation ist, wie sie ist. Traurig. Wenn Ihnen ein Mensch begegnet, der seine große Traurigkeit benennt, müssen Sie es nicht abwiegeln oder schönreden. Bestätigen Sie sein Gefühl: »Ja, ich glaube dir, dass es furchtbar traurig ist. Schließlich ist auch jemand gestorben, den du wirklich gerne hattest.« Und Sie dürfen ihm dabei auch einen Wunsch mitgeben: »Ich wünsche dir, dass du auch immer wieder gute Momente hast.«

Wenn Ihnen die Worte fehlen, dürfen Sie auch das benennen: »Ich weiß überhaupt nicht, was ich sagen soll. Es macht mich einfach sprachlos. Es ist so traurig.«

Haben Sie auch keine Angst, den Trauernden einige Zeit nach dem Verlust nach seiner Befindlichkeit zu fragen. Viele Menschen in Verlustsituationen leiden darunter, nicht mehr angesprochen zu werden, obwohl sie gerne noch über den Menschen, der ihnen fehlt, sprechen würden. Die unsicheren Reaktionen der Mitmenschen erschweren ihnen die Situation nur zusätzlich.

Bieten Sie nur Hilfe an, wenn Sie diese auch leisten können.

Haben Sie die Todesnachricht von Dritten erfahren oder in der Zeitung davon gelesen, können Sie eine Kondolenzkarte schreiben, bestenfalls mit der Hand. Im Internet finden Sie viele wertvolle kurze Sprüche, denen Sie einige persönliche Gedanken beifügen können. Schreiben Sie, was Sie an der verstorbenen Person geschätzt haben oder was Sie den Angehörigen in dieser Zeit der Trauer wünschen. Auch hier dürfen Sie Ihre Sprachlosigkeit formulieren, z. B.: »Mir fehlen die Worte, aber ich wollte Ihnen dennoch herzliche Grüße senden und sagen, dass wir an Sie denken.«

War unter der Todesnachricht zu lesen, dass die Angehörigen keine Beileidswünsche am Grab möchten, ist damit nur die Beerdigung gemeint. Selbstverständlich können Sie ihnen an anderer Stelle dennoch Ihr Beileid aussprechen.

Versuchen Sie, Ihre Beileidsbekundung nicht zu lange hinauszuzögern. Je länger Sie damit warten, desto schwieriger wird es sein, eine passende Formulierung zu finden.

Der fünfjährige Valentin ist bei einem Unfall im Urlaub verstorben. Die Kindergartenleitung ruft bei mir an und bittet mich, bei einem Elternvormittag dabei zu sein. Die Erzieherinnen und auch die anderen Eltern haben um Unterstützung in der schwierigen Situation gebeten. Wie sollen sie mit ihrer Traurigkeit, ihren Ängsten und auch den Eltern von Valentin umgehen? Die Vorstellung, diesen zu begegnen, verursacht bei einigen Unbehagen.

Eine Stunde später ruft mich auch die Familie des kleinen Jungen an. Sie haben über eine Beratungsstelle meine Telefonnummer erhalten. Wir treffen uns und sprechen dabei auch über den Elternvormittag in der Kita und die Verunsicherung der anderen Eltern. Ich bitte das Ehepaar, doch kurz vor Schluss noch dazuzukommen. Meine Idee dabei ist es, eine begleitete Begegnung zu schaffen und so Berührungsängste abzubauen.

An besagtem Vormittag sitzen wir mit 18 Frauen im Kreis. Ich erzähle, was Kindergartenkinder schon vom Tod begreifen, und führe Beispiele an, um es den Eltern zu verdeutlichen. Dann kommt die erste Frage: »Meinen Sie wirklich, dass es gut ist, wenn Kinder den verstorbenen kleinen Freund noch mal sehen?« Ich erkläre der Mutter, warum ich es für wichtig und auch für ungefährlich halte. Dann meldet sich Helena zu Wort. Sie ist derzeit Praktikantin in meinem LAVIA-Haus und besucht eine meiner Trauergruppen. Sie wollte bei dem Gespräch gerne dabei sein. Sie erzählt: »Mein Papa starb ganz überraschend, und ich hatte anschließend keine Gelegenheit mehr, ihn noch mal zu sehen. Ich finde das bis heute schade. Wissen Sie, mein Papa hatte so schönes Haar. Ich hätte ihm einfach so gerne noch einmal durch die Haare gewuschelt ... Das hätte mir geholfen zu verstehen, dass mein Papa wirklich tot ist. So musste ich es meiner Mama einfach glauben.«

Es ist ganz ruhig geworden, und ich glaube, in dem Moment verstehen alle, warum eine Verabschiedung am Sarg wichtig ist.

Nach einer Stunde klopft es an der Tür, und die Eltern von Valentin betreten vorsichtig den Raum. Es wird still, nur das nervöse Stühlerücken ist zu hören. Ich erkläre, was wir gerade besprochen haben: dass es Außenstehenden oft schwerfällt, die trauernden Eltern anzusprechen, weil sie verunsichert sind, wie sie in einer solchen Situation reagieren sollen. Es tut so gut, als Valentins Eltern sagen: »Wir freuen uns über jeden, der mit uns spricht. Wir freuen uns auch, mit anderen Menschen, die ihn ebenfalls gekannt haben, über unser Kind sprechen zu können.«

Es gibt noch einen guten Austausch miteinander, so praktisch, so berührend, so normal in aller Traurigkeit.

In der Abschlussrunde können alle benennen, mit welchem Gefühl sie gekommen sind und mit welchem Eindruck sie nun wieder gehen. Manche sind ruhig, während sie erzählen, anderen laufen Tränen übers Gesicht – alle reagieren unterschiedlich, aber jeder im Raum sagt etwas:

»Durch Helena haben wir begriffen, wie wichtig das mit dem Begreifen ist. Danke dafür.«

»Es ist gut, die Eltern von Valentin getroffen zu haben. Danke, dass ihr den Mut gefunden habt, hierherzukommen, und es uns dadurch leichter macht.«

»Meine Tochter betet jeden Abend für Valentin.«

Eine Mutter berichtet, was ihr Sohn ihr am Abend zuvor gesagt hat: »Wenn mein Kumpel jetzt tot ist, dann kann er ja keine so guten Ideen mehr für uns haben!« Und während sie es erzählt, fängt sie an zu weinen.

Die Mutter von Valentin sitzt da und nickt, der Vater lächelt. Ja, beide wissen genau, was die Mutter meint. Ihr Sohn hatte wirklich immer die besten Ideen, das haben sie mir schon bei unserem Gespräch erzählt. Valentin war ein Ideengeber, ein Entdecker, ein Seepferdchenertaucher, ein Stöckesammler, ein Genießer und ein Freudeschenker. So steht es auch in der Todesanzeige. Es tut den Eltern gut, solche Geschichten über ihren Sohn zu hören. Und dass die andere Mutter dabei weint, stört sie nicht.

Die richtigen Worte

»Herzliches Beileid!« Diese beiden Worte sind der wohl am häufigsten zum Ausdruck gebrachte Beileidswunsch. Worte, die guttun – dem Menschen, der sie ausspricht, und dem, dem sie zuteilwerden. »Herzliches Beileid«, das sind aber auch Worte, über die sich viele Menschen aufregen, weil sie sie als floskelhaft empfinden. »›Herzliches Beileid‹, wenn ich das schon höre ...«, sagen sie naserümpfend. »Das ist doch höchstens eine leere Formel!«

Ist das wirklich so?

Es kommt vor, dass Menschen in einer Trauersituation nicht wissen, was sie sagen sollen. Manchmal fällt ihnen dann sogar der Spruch ein: »Eine Umarmung sagt mehr als tausend Worte.« Dann nehmen sie jemanden in den Arm, der vielleicht lieber auf Distanz geblieben wäre. Und das nur, weil Menschen die gebräuchlichen Worte »Herzliches Beileid« als veraltet empfinden.

Ich empfinde es anders. Wenn die Worte ehrlich gesprochen werden, dann tun sie gut. Das habe ich selbst schon erlebt: Am Schreibtisch des Autoverkäufers bekomme ich einen Anruf. Das Krankenhaus teilt mir mit, dass mein Schwiegervater gestorben ist. Der Verkäufer bekommt es mit. Nach einem Moment der Stille steht er auf, kommt zu mir rum und sagt: »Herzliches Beileid.« Das tut gut!

»Herzliches Beileid« bedeutet doch eigentlich: von Herzen kommend. Das Leid wahrnehmen und in der Nähe sein. »In der Nähe sein«, »nahe sein«, das ist nämlich die eigentliche Bedeutung des Wortes »bei«.

Sicher können wir auch andere Worte gebrauchen. Solange es ehrlich gesagt ist, passt das. Aber diese alte Formel tut es nicht weniger. Im Gegenteil. Wenn ich mir vorstelle, der Autoverkäufer wäre herumgekommen und hätte mich umarmt – nein, das wäre unpassend gewesen.

Kapitel 6

GIB DER TRAUER IN DIR RAUM

Rebecca war noch keine 30 Jahre alt, als sie durch eine Krebserkrankung verstarb. Ihre Mutter erzählte in der Trauergruppe, dass es ihr – wenn ihr danach zumute war – am meisten geholfen habe, die Tränen einfach laufen zu lassen. Zumute. Ja, manchmal muss man einfach den Mut haben, die Trauer zuzulassen, um dadurch einen Teil des Schmerzes herauszulassen. »Anfangs fühlte ich mich dabei so haltlos«, sagte sie. »Ich dachte, das Weinen hört nie wieder auf. Aber: Es hört doch immer wieder auf. Und ich habe gemerkt, dass das Unterdrücken der Tränen viel mehr Energie kostet.«

***

Der 17-jährige Leon starb nach einem Verkehrsunfall. Seine Mutter erzählte im Gespräch mit anderen betroffenen Eltern: »Vergangenes Wochenende wäre Leon 18 Jahre alt geworden. Wir saßen nach dem Abendessen mit einem Glas Wein auf der Küchenbank und stellten uns vor, welche Party jetzt abgegangen wäre, wenn Leon noch leben würde. Es war schon spät, und mein Mann hockte da und war so endlos traurig. Wisst ihr, ich kenne meinen Mann nun schon seit 30 Jahren, aber ich habe ihn vor Leons Tod noch niemals weinen sehen. Ich rutschte zu ihm rüber, um ihn in den Arm zu nehmen, und wollte gerade sagen: ›Ach, weine doch nicht!‹ Aber gleichzeitig dachte ich: ›Nein, das sage ich jetzt nicht! Es ist ja traurig! Wir reden hier in der Trauergruppe immer darüber, wie wichtig es ist, die Trauer des anderen auszuhalten.‹ Und dann lehnte ich mich an ihn und weinte mit. So saßen wir eine Weile da, sprachen ein bisschen, weinten ein bisschen und schwiegen ein bisschen. Mir ging es dann besser, und ich fragte ihn, ob er mit mir noch eine Runde mit dem Hund um den Block geht. Er sagte aber: ›Ach, lass mich noch ein bisschen traurig sein.‹ Und dann ließ ich ihn und ging alleine. Das Luftholen tat mir auch gut.«

Wie wertvoll ist es, wenn man sich selbst die Zeit der Traurigkeit gönnt.
Wie wertvoll ist es, wenn dem anderen seine Traurigkeit zugestanden wird.
Wie wertvoll ist es, wenn trauernden Menschen die Zeit und der Raum für die Trauer gegeben werden.
Wie wertvoll ist es, gemeinsam, wenn auch nicht immer gleichzeitig, trauern zu können.

Warum wir wieder lernen müssen zu trauern

Viele Menschen meinen, dass die Zeit die Wunden heilt. Aber das stimmt nicht: Es gibt Angehörige, die auch nach vielen Jahren Trauerarbeit noch nicht wieder lebensmutig sind. Die Depressionen, ein Alkohol- oder Drogenproblem, vielleicht auch ein Gefühl der Sinnlosigkeit entwickelt haben. Zur Bewältigung eines Verlustes ist mehr nötig als verstrichene Zeit. Das, was ein gebrochenes Herz wirklich wieder gesund werden lässt, ist Trauer.

Trauern zu können ist eine angeborene Fähigkeit, die jeder von uns in sich trägt. Leider stehen Trauergefühle in unseren westlichen Gesellschaften nicht besonders hoch im Kurs. Kinder, vor allem Jungen, lernen schon von klein auf, dass Weinen eine unerwünschte Reaktion ist. Viele Menschen loben Trauernde, wenn diese ihre Traurigkeit nicht zeigen: »Du bist aber tapfer«, heißt es dann. Sie sind der Ansicht, dass es von großer Stärke zeuge, möglichst keine Traueremotionen zu zeigen. Entsprechend reißen sich viele Trauernde zusammen, um ihr Umfeld nicht mit ihrer Trauer zu belasten.

Kurz: Trauern gilt häufig als Zeichen von Schwäche!

Tatsächlich geschieht es regelmäßig, dass trauernde Menschen sogar Therapien und Medikamente verschrieben bekommen, so als seien sie krank. Ist das nicht total verrückt? Es kommt ja auch niemand auf die Idee, einen Menschen zu loben, der keine Freude zeigt. Und ich rede hier von Menschen mit völlig normalen Trauerreaktionen, nicht von Fällen, in denen der Schmerz in eine Depression oder gar einen manischen Zustand übergegangen ist.

Die Folgen sind enorm. Unterdrückte Trauer macht krank. Lässt uns den Verlust nicht bewältigen. Führt in Abhängigkeiten, Depressionen, Persönlichkeitsprobleme. Manchmal auch zu Beziehungsstörungen – wenn bei einem Trauerfall der eine nicht in der Lage ist, die Trauer des Partners auszuhalten, geschweige denn zu teilen.

Deshalb ist es ganz, ganz wichtig zu begreifen: Wir dürfen unsere Trauer nicht verdrängen. Wir müssen ihr den Raum geben, den sie benötigt. Es gibt keine Abkürzung zur Heilung: Keine ständige Abwechslung, keine Droge, kein Verdrängen lässt uns schneller wieder glücklich werden. Es betäubt die Traurigkeit vielleicht eine Weile, aber anschließend ist sie umso heftiger wieder da und fordert ihren Tribut. Der Berg an Schmerz, einhergehend mit Traurigkeit, vor den ein schwerer Verlust uns stellt, muss abgetragen werden. Stück für Stück! Es gehört dazu zu akzeptieren, dass wir über einen längeren Zeitraum traurig sein werden. Verlust ohne Trauer, ohne Traurigkeit gibt es nicht. Sie ist eine gesunde psychohygienische Reaktion auf diese Situation. Wir müssen begreifen – und vor allem akzeptieren: Unser Leben hat sich verändert. Es wird nie mehr dasselbe sein, nie mehr so, wie es vorher war. Das bedeutet nicht, dass es nicht wieder gut und erfüllt werden wird, aber es wird eben anders gut sein.

Steffis Tochter Linda verstarb bei dem Germanwings-Unglück, bei dem ein Pilot das Flugzeug vorsätzlich zum Absturz brachte. Als jemand zu ihr sagte: »Ich wünsche dir, dass du bald nicht mehr traurig bist«, antwortete sie: »Ach, lasst mir doch meine Traurigkeit noch eine Weile. Dann spüre ich mein Kind nahe bei mir.«

Glauben Sie mir: Trauer hat etwas mit der Liebe zu demjenigen zu tun, den wir verloren haben. Der Trauer auszuweichen ist der falsche Weg, weil es bedeutet, die Liebe »links liegen« zu lassen.
Im Folgenden möchte ich Ihnen einige Dinge ans Herz legen, die helfen, die Trauer zuzulassen.

Wie wir der Trauer in uns Raum geben können

Stellen Sie sich einen See vor. Ein Bach lässt immer wieder frisches Wasser zufließen, während auf der anderen Seite das Wasser aus dem See weiterfließt. Ein gesunder Kreislauf, der sicherstellt, dass die Lebewesen im Wasser ausreichend mit Sauerstoff und Nahrung versorgt werden. Jetzt stellen Sie sich vor, der Abfluss wäre durch einen Damm gesperrt. Das Wasser würde sich stauen, das neue Wasser könnte nicht mehr nachfließen, die Pflanzen im See würden anfangen zu faulen, der See anfangen zu stinken, und die Lebewesen hätten keinen gesunden Lebensraum mehr. So, wie es für den See wichtig ist, dass das Wasser weiterfließen kann, ist es für den Trauerprozess notwendig, dass wir unsere Emotionen »herauslassen«. Sie zulassen. Tränen fließen lassen. Nur dann bleibt der Kreislauf unseres Lebens im Fluss. Daher: Verdrängen Sie Ihre Emotionen nicht. Das behindert den Heilungsprozess nur unnötig.

Was können wir dafür tun? Der erste Rat lautet: Sprechen Sie über Ihren Schmerz! Und überlegen Sie, wie Sie dem, was Sie beeindruckt, einen Ausdruck geben können.

Trauer braucht Menschen, mit denen ich darüber sprechen kann
»Geteilte Freude ist doppelte Freude, und geteiltes Leid ist halbes Leid«, heißt es im Volksmund. Trifft das auch auf Trauer zu? Einmal stellte ich diese Frage in einer unserer Trauergruppen. »Nein, geteiltes Leid ist nicht halbes Leid«, antwortete ein Witwer. »Aber gemeinsam lässt es sich leichter ertragen. Ein Trost ist es, ein Segen, sich mitteilen und über die eigene Trauer sprechen zu dürfen.« Eine Karte, die eine Teilnehmerin einmal mit in die Trauergruppe brachte, bringt das sehr schön auf den Punkt. Auf ihr ist zu lesen: »Ich kann dir dein Leid nicht abnehmen, aber ich kann dir helfen, es ein Stück weit zu tragen.« Eine Trauergruppe kann ein solcher Ort sein, wo man sich gegenseitig hilft, die Trauer auszuhalten, und sich dadurch auch selbst erleichtert fühlt.

Eine Trauergruppe kann ein solcher Ort sein, wo man es gemeinsam schwer hat und sich dadurch erleichtert fühlt. Zusammen mit anderen, die Ähnliches erlebt haben, sitzen Trauernde deshalb in unseren Gruppen zusammen und sprechen über das, was sie erlebt haben. Ich kann das sehr empfehlen: Suchen Sie sich Menschen mit ähnlichen Erfahrungen, um gemeinsam zu trauern.

Aber natürlich können Sie Trauer auch mit Menschen aus Ihrem Alltag teilen. Es muss nicht die Trauergruppe sein: Freunde, Familie, der Partner oder die Partnerin, vielleicht auch liebe Kollegen. Wichtig ist nur, dass Sie mit Ihrer Trauer nicht alleine bleiben.

Was gut klingt, ist leider oft schwerer als gedacht: Viele Teilnehmer erzählen, dass sie sich in Trauersituationen an Freunde oder andere nahestehende Menschen gewandt haben, die aber nicht in der Lage waren, auf sie einzugehen. Meine Kollegin Kathrin, deren Schwester mit zwölf Jahren bei einem Reitunfall starb, besuchte einige Jahre später – sie selbst war zum Teenager herangereift – am Todestag eine Freundin, um mit jemandem über ihre Traurigkeit sprechen zu können. Die eigenen Eltern waren in ihrer Trauer sprachlos. »Ich habe jetzt keine Zeit, gleich kommt Besuch«, wimmelte die Freundin sie ab. Vermutlich war das eine Reaktion aus Unsicherheit. Sie macht deutlich, dass die meisten

Jugendlichen zu wenig Erfahrung im Mitgefühlausdrücken haben. Ist das nicht ein Alleinlassen in Not? Tod und Sterben sind in unserer Gesellschaft für viele immer noch Tabus, über die man nicht sprechen und an die man nicht erinnert werden möchte.

Wissen Sie, was Trauer benötigt? Kein »Das tut doch nicht so weh!«, »Jetzt reiß dich mal zusammen«, sondern Orte, an denen ihr mit Offenheit und Ehrlichkeit, mit Verständnis und Mitgefühl begegnet wird: »Ja, ich glaube dir, dass es wehtut. Ich bin für dich da, wenn du mich brauchst!«

Gibt es für Sie Menschen, mit denen Sie über Ihre Trauer sprechen können? Sind Sie anderen selbst ein solcher Mensch?

Der Sohn von Manuela und Marcus, Moritz, war erst 27 Jahre alt, als er starb. Edda, eine Freundin der beiden, kam bei ihnen vorbei, als sie davon hörte, nahm Manuela in den Arm und sagte: »Du kannst mir jeden Tag dasselbe erzählen. Wirklich! Es wird mich nicht stören.« Und das wiederholte die Freundin von Zeit zu Zeit, bis Manuela es wie selbstverständlich annehmen konnte. Ein Segen, eine solche Freundin zu haben.

***

Kurz vor Feierabend schellt es an der Tür des Trauerhauses. Es ist eine ältere Frau, die in der Nachbarschaft wohnt.

»Frau Rupieper, darf ich mal etwas fragen?«

Klar darf sie. »Kommen S'e rein.«

Wir sitzen am Küchentisch, jede hat ein Glas Mineralwasser vor sich stehen. Ihre beiden Taschen hat sie auf einem Stuhl abgesetzt.

»Mein Mann ist seit einem Jahr tot ... Der Arzt hat mir vor ein paar Monaten Tabletten und eine Liste von Psychologen gegeben, zu denen ich hingehen kann. Zuerst dachte ich, das brauche ich nicht. Weder die Tabletten noch die Therapie. Aber ich merke, wie ich mit jemandem über ihn reden muss. Und gerade hat mir meine Friseurin gesagt, ich könnte doch mal zu Ihnen gehen. Und da bin ich!«

Ich lächle, weil ich solche selbstverständlichen Empfehlungen von Friseusen, Kellnern, Floristen, Bäckern ebenso schätze wie die von Psychologen. Sie spricht gleich weiter, und wirkt bei den nächsten Worten etwas verlegen: »Wissen Sie, ich rede manchmal noch mit meinem Mann. Ich bin nicht verrückt, ich weiß ja, dass er tot ist. Aber manchmal spreche ich vor seinem Foto mit ihm. Oder am Grab.«

Sie macht eine Pause.

Ich nicke. »Viele Menschen reden mit dem Verstorbenen, das ist ganz normal. Wissen Sie, wenn Sie mit dem Foto gesprochen hätten, als ihr Mann noch gelebt hat, dann hätte ich mir vielleicht Sorgen gemacht. Aber wenn jemand tot ist, dann ist das ganz normal.«

»Meinen Sie?« Sie lacht erleichtert.

Und dann erzählt sie immer weiter. Von ihrer Einsamkeit und den Schuldgefühlen, die sie plagen: »Wenn ich gewusst hätte, dass er so plötzlich stirbt, dann hätte ich viel öfter seine Hand gehalten und gestreichelt. Ich saß oft neben ihm und las. Oder ich kochte. Ich hätte ja auch bei ihm sitzen können.«

Ich nicke und muss gleichzeitig schmunzeln: »Ich glaube, Sie romantisieren das etwas. Wer schafft es denn, jeden Tag die Hände des anderen zu streicheln? Vielleicht hätte Ihr Mann auch gesagt: ›Nu lass doch mal meine Hand in Ruh.‹«

Sie lacht ebenfalls: »Ach, Sie haben wohl recht. Wir hatten uns gern, aber so hoch oben schwebten wir ja auch nicht.«

Am Ende sagt die alte Dame: »Es hat mir gutgetan, dass ich mit Ihnen sprechen konnte. Es tut mir leid, dass ich Sie jetzt hier festgehalten habe. Aber ich fühle mich irgendwie leichter.«

Festhalten … in dem Moment war uns der Wert des Wortes gar nicht so bewusst. Aber es musste ihr nicht leidtun, denn unser gegenseitiges Festhalten hat uns beiden Halt gegeben. Als sie nach Hause ging, gab ich ihr Grüße an ihren Mann mit. Und sie verstand und lächelte.

Trauer braucht unsere Offenheit
Manchmal ist das Problem nicht das Umfeld. Manchmal liegt es auch bei uns selbst. Es gibt Menschen, die nie gelernt haben, über ihre Emotionen zu sprechen. Weder über die eigenen noch über die anderer. Während des Großteils ihres Lebens kommen Menschen mit dieser Haltung vielleicht gut zurecht. Sie kennen es nicht anders, und andere kennen sie ebenfalls nicht anders. Aber Krisensituationen, wie der Tod eines geliebten Menschen, bringen sie an den Rand ihrer Kräfte. Trauer ausschließlich mit sich selbst auszumachen – das ist in der Regel wenig hilfreich.

Wenn Sie überlegen, ob das auch auf Sie zutrifft, helfen Ihnen vielleicht einige Fragen:
- Mit wem kann ich meine Trauer teilen?
- Mit wem teile ich meine Freude?
- Bin ich in meinen Gefühlen mitteilsam?
- Möchte ich meine Trauer vielleicht gar nicht immer mitteilen, sondern lieber für mich alleine behalten? Wie kann ich sie dennoch auch aus mir herauslassen?
- Habe ich Mitteilungsorte? Und wenn ja, wo sind sie: in der Schule, am Arbeitsplatz, in der Familie, im Freundeskreis oder in Trauergruppen?
- Wem würde ich als Erstes eine freudige oder eine traurige Nachricht mitteilen? Wäre es derselbe Mensch?

Wenn Sie merken, dass Sie es aus sich selbst heraus nicht schaffen, über den Verlust zu sprechen, und es sich bedrückend anfühlt, kann es sinnvoll sein, sich Hilfe zu holen. Vielen hilft es, mit jemandem zu sprechen, den sie gerade *nicht* kennen. Vielleicht einen Seelsorger oder eine Trauerberatung. Oder auch die Telefonseelsorge. Häufig reicht ein erster Schritt, um den Damm zu brechen.

Trauer braucht Alleinsein
Über unseren Schmerz, die Trauer und unsere Gefühle zu spre-

chen, ist der erste wichtige Schritt auf dem Weg zur Heilung. Doch nicht alles können wir durch Reden bewältigen. Einen Teil der Trauer können wir für uns selbst verarbeiten. Hierfür ist es wichtig, sich dieser in ruhigen Momenten zu stellen. Das ist oft weniger selbstverständlich, als wir meinen. Ich kenne viele Menschen, die sich nach einem Verlust in Geschäftigkeit stürzen: Das kann der Arbeitsalltag sein, das können Sport, Fernsehen oder Unternehmungen mit anderen Menschen sein, vornehmlich solchen, die einen nicht auf den Verlust ansprechen. Aber so können wir natürlich keine Trauerarbeit leisten, bleibt der Berg unangetastet, schieben wir ihn nur vor uns her.

Um dieser Gefahr zu entgehen, ist es wichtig, Räume zu haben, in denen die Trauer uns finden kann. Momente der Einsamkeit und des Rückzugs. Ein langer Spaziergang oder stille Minuten zu Hause lassen unsere Gedanken zur Ruhe kommen und erlauben es der Traurigkeit, sich den Raum zu nehmen, den sie braucht. Bei dem einen kann es ein Kirchenraum, bei einer anderen der Wald sein. Wieder andere suchen die Zimmer der Verstorbenen auf, um ihnen und auch sich selbst nahe zu sein.

Haben Sie solche Rückzugsräume? Welche sind es?

Trauer braucht Orte der Erinnerung
Es ist wertvoll, wenn Trauernde einen bestimmten Ort haben, an dem sie sich bewusst an den Verstorbenen erinnern. Solche Orte der Erinnerung können sein: das Grab, Orte, die der Verstorbene geliebt hat, ein bestimmter Platz in der Wohnung, die Bank im Garten, ein Bild, ein Lieblingssessel, das kleine Holzpferd, der Teddy, ein selbst gestaltetes Memoryspiel, ein Schmuckstück, ein Erinnerungsbuch, von Freunden gestaltet, ein Fotoalbum, ein Gedenkgottesdienst, eine angezündete Kerze, die Lieblingsspeise des Verstorbenen ... Orte der Erinnerung können auch imaginäre Plätze sein, in die man sich jederzeit hineindenken oder -fühlen und wo man für eine Weile verbleiben kann.

Ganz gleich ob real oder erdacht, können Ihre Gedanken so beim Verstorbenen sein – immer mit der Möglichkeit, sich auch wieder zurückzuziehen. Nehmen Sie sich die Zeit für die Erinnerungen? Nehmen Sie sich Zeit für Ihre Traurigkeit?

Momente der Hoffnungslosigkeit überstehen
In Trauer- und Verlusterfahrungen gibt es häufig einen Moment, in dem wir die Hoffnung gänzlich verloren haben. In dem wir sicher sind: Das schaffe ich nicht! Ich will nicht mehr! Es wird nie wieder gut werden! Aber das ist nur unsere subjektive Wahrnehmung. Wir dürfen wissen: Diese Momente gehen vorüber. Sosehr der Verlust auch schmerzt, werden wir doch eines überraschenden Tages wieder Glück empfinden. Deshalb heißt es durchhalten. Dranbleiben. Nicht aufgeben.

Marias Mann starb ganz überraschend auf dem Tennisplatz. Das Ehepaar war seit über 50 Jahren verheiratet, und Marias Schmerz war groß. An manchen Tagen spürte sie eine große Angst vor dem, was ist und noch kommen würde. Aus Sorge vor einer Depression und einer Kurzschlusshandlung entwickelte sie aus der Not heraus eine für sich hilfreiche Strategie: »Wenn es mir ganz schlecht geht, dann blicke ich auf die Uhr.« Dabei schob sie den Ärmel ihres Pullovers hoch, und an ihrem Handgelenk war eine Armbanduhr zu sehen. »Schau, jetzt ist es elf Uhr. Ich sage dann zu mir selbst: ›Maria, fünf Minuten hältst du das jetzt aus.‹ Und wenn ich die fünf Minuten geschafft habe, dann nehme ich mir vor, die nächsten zehn Minuten auch noch auszuhalten. Und dann versuche ich es noch mal eine Viertelstunde länger. Und – das kannst du mir glauben – bevor die herum ist, ist das schlimme Gefühl auch schon wieder vergangen.«

***

Die Frau, mit der Martin über zwölf Jahre in einer festen Partnerschaft gelebt hatte, starb überraschend. Martin weinte, er war tieftraurig, spürte eine große Leere, eine Sinnlosigkeit, die ihn nicht mehr an ein neues Glück glauben ließ. Er war sicher, sich nie wieder neu verlieben zu können.

Doch mit der Zeit nahm der Schmerz ab, die Kraftlosigkeit verschwand, und seine Lebensenergie nahm zu. Martin spürte wieder neue Lebensfreude. Irgendwann verliebte er sich in eine andere Frau, mit der er bald darauf zusammenzog. Neben seiner alten Liebe gibt es heute für ihn eine neue Liebe. »Das hätte ich niemals für möglich gehalten, dass es im Leben auch zwei große Lieben geben kann«, sagt er heute.

Tipps für die Traurigkeit

»Frau Schroeter-Rupieper, haben Sie ein paar Tipps gegen Traurigkeit?«, werde ich häufig gefragt. Was ich dann antworte? »Tipps gegen Traurigkeit? Nein, die habe ich nicht. Ich bin doch die, die für die Traurigkeit ist. Aber gerne können wir gemeinsam überlegen, was dabei helfen könnte, den Schmerz zu ertragen!«

So unterschiedlich, wie unsere Persönlichkeiten sind, so vielfältig sind auch die Dinge, die uns helfen: weinen, schreien, beten, singen, joggen, tanzen, schreiben, Kakao trinken, reden oder schweigen – probieren Sie aus, was Ihnen in Ihrer Traurigkeit guttut. Alleine oder mit anderen. Lassen Sie es wieder sein, wenn Sie merken, dass es Ihnen nichts bringt. Tipps von anderen, die berichten, was ihnen geholfen hat, können eine Hilfe sein – müssen sie aber nicht. Es ist schließlich Ihre Trauer!

Sie müssen nicht, aber Sie dürfen Trauerkleidung tragen.
Sie müssen nicht, aber Sie dürfen Partys fernbleiben.
Sie müssen nicht, aber Sie dürfen weinen.
Sie müssen nicht, aber Sie dürfen lachen.
Sie müssen nicht, aber Sie dürfen Lebensfreude empfinden.

Sie müssen nicht, aber Sie dürfen einen Tag im Schlafanzug auf der Couch verbringen.
Sie müssen nicht, aber Sie dürfen Erleichterung fühlen.
Sie müssen nicht, aber Sie dürfen sich Ablenkung verschaffen.
Sie müssen nicht, aber Sie dürfen tun, was Sie mögen und Ihnen guttut.
Sie müssen nicht, aber Sie dürfen neue Wege einschlagen.

Gründe zum Weiterleben
Was ebenfalls hilft: sich Dinge vor Augen zu halten, die das Leben trotz allem lebenswert machen. In der Küche unseres Trauerhauses hängt eine alte Schultafel. Darauf steht ganz oben: »Gute Gründe fürs Weiterleben, trotz alledem«. Mit Kreide können Besucher Dinge, die ihnen hierzu einfallen, aufschreiben. Dort haben Menschen, die einen schweren Verlust erlitten haben, die verschiedensten Sachen notiert:

»Mein Kind«
»Schalke 04«
»Liebe«
»Ein Zitroneneis in Assisi essen«
»Pommes rot-weiß«
»Gott«
»Musik hören – laut!«
»Reisen«
»Sex«
»Warmer Kakao«
»Mit Freunden treffen«
»reden«
»Stille suchen«
»musizieren«
»lesen«
»tanzen«

Immer wieder, wenn ich an der Tafel vorbeikomme, bleibe ich dort hängen. Die Lebensfreude, die darin zum Ausdruck kommt, lässt mich staunen, den Kopf schütteln, und regt mich immer wieder dazu an, dankbar auf alles zu blicken, was mein Leben reich macht.

Was würden Sie dort hinschreiben?

Darf ich während der Trauer Freude empfinden?

»Wenn ich lache, habe ich sofort ein schlechtes Gewissen. Wie kann ich lachen, wo doch mein Vater für immer tot ist?«, fragt der 24-jährige Paul.

»Manchmal frage ich mich, ob ich eigentlich noch Freude am Leben empfinden darf, obwohl mein Mann gestorben ist«, sagt eine Witwe.

»Manchmal vergesse ich für ein paar Minuten oder sogar Stunden, dass mein Bruder tot ist. Dann tut mir das so leid, und ich habe ein schlechtes Gewissen«, sagt eine Jugendliche.

Viele Menschen sind verunsichert wegen positiver Gefühle und Empfindungen, die sie während der Trauer verspüren. Sie glauben, zu trauern hieße, dass sich die Gedanken ausschließlich um den Verstorbenen drehen müssten. Aber dem ist natürlich nicht so – zum Glück. Trauer ist vielfältig. Es können verschiedenste Emotionen darin vorkommen:

Dankbarkeit – für das gemeinsam Erlebte
Wut – weil der geliebte Mensch mich einfach zurückgelassen hat
Hoffnung – wenn sich die dunkle Wolkendecke für einen Moment lichtet
Freude – bei dem Gedanken an einen gelungenen Abschied
Angst – bei dem Gedanken an eine einsame Zukunft
Schuldgefühle – beim Gedanken an Ungesagtes
Erleichterung – weil die Zeit des Sterbens endlich vorüber ist
Fassungslosigkeit – wenn ein Mensch plötzlich gestorben ist
Leere – wenn man einfach müde ist und nichts mehr fühlen kann

All das und noch viel mehr gehört zur Trauer. Als Trauernder ist es nicht unsere Aufgabe, den Erwartungen der Mitmenschen zu entsprechen. Nein, viel wichtiger ist es, diesen Emotionen Raum zu geben und sie zuzulassen. Ja, lachen Sie, wenn Ihnen zum Lachen zumute ist. Weinen Sie, wenn Sie traurig sind. Schimpfen, schreien, fluchen Sie, wenn Ihnen danach ist. Leben und überleben Sie so, wie Sie es in anderen Krisenzeiten auch tun. Solange wir uns und andere nicht verletzen, weder körperlich noch verbal, ist es doch in Ordnung. Wir benötigen diese Vielfalt der Gefühle, um wieder in den Lebensfluss, in ein Gleichgewicht zu kommen. Unsere Psyche ist bestens dafür gerüstet, Verlustzeiten zu bewältigen. Sie weiß in der Regel genau, was wir brauchen.

Als die kleine Anna geboren wurde, waren ihre Eltern außer sich vor Freude. »Du bist ein großes Glück in unserem Leben«, stand in der Geburtsanzeige. Kurze Zeit später starb Annas Opa, der Vater von Annas Papa. Annas Eltern waren, trotz der Freude über die Geburt ihrer Tochter, sehr traurig über den Verlust des Vaters und Opas. Und sie entdeckten, dass durch die Gleichzeitigkeit der beiden Emotionen weder die Liebe für die Tochter noch die Traurigkeit um den verstorbenen Vater geschmälert wurde. Beide Gefühle hatten ihren Platz.

Geben Sie der Trauer den Raum, den sie benötigt.

»Wie lange wird es noch wehtun?«
Manchmal werde ich in der Trauerbegleitung gefragt: »Wie lange wird es noch wehtun?« Was ich dann antworte? »So lange, bis die Wunde durch die Zeit der Trauer heilen durfte.«

Mit der Trauer ist es wie mit allen anderen emotionalen Ereignissen in unserem Leben auch. Denken Sie an eine Hochzeit, die Geburt eines Kindes oder eine unerwartete Kündigung: Direkt anschließend drehen sich alle unsere Gedanken nur um das Ereignis.

Es ist das einzige Gesprächsthema, ob unter Freunden oder auf der Arbeit. Mit der Zeit wird es weniger – die Emotion verschwindet nicht völlig, aber geht auf ein Level zurück, das nicht unser gesamtes Leben bestimmt. Und so wie die Freude über ein Kind für immer sein darf, darf auch die Trauer über einen Verlust für immer bestehen. Ihr Ausmaß sollte sich aber mit der Zeit verändern, damit wir unser Leben bewältigen können. Das geschieht nicht zuletzt dadurch, dass wir unser Leben den veränderten Bedingungen anpassen.

Wie lange das dauert, ist sehr unterschiedlich. Viele Dinge spielen hierbei eine Rolle: die Beziehung zu der verlorenen Person; die Umstände des Verlustes; der Raum, den ich der Trauer gebe; meine persönliche Art der Verarbeitung. Gerade weil Trauer so unterschiedlich ist, sollte niemand bewerten, wie lange wir trauern.

Nach dem ersten Trauergespräch ging Niklas nach Hause und sagte: »Ich bin so froh, dass du gesagt hast, ich darf ein Leben lang immer mal wieder darüber traurig sein, dass mein Vater gestorben ist. Ich dachte schon: Nicht traurig sein, das schaffe ich doch gar nicht. Er wird mir doch immer fehlen.«

Auch wenn Sie sich das zurzeit vielleicht noch nicht vorstellen können: Der Schmerz wird vorübergehen. Die Wunde, die jetzt noch so sehr wehtut, wird eines Tages geheilt sein. Zurück bleibt eine Narbe, die immer mal wieder ziept – an Gedenktagen, bestimmten Orten, bei Gerüchen, Musik –, aber kein Schmerz, der unser Leben bestimmt.

Konnte durch den Trauerprozess der Verlustschmerz vorübergehen, gehen wir gestärkt aus dieser Situation hervor. Die Narbe, die an der Stelle der offenen Wunde entsteht, wird zu einem Teil unserer Persönlichkeit. Wir können mitfühlen, was andere durchmachen, sind durch die gemachte Erfahrung für das nächste Mal besser gerüstet – vorausgesetzt, wir konnten den Trauerprozess auch reflektieren.

Viele Menschen erinnern sich genau an den Moment, in dem sie nach langer Trauerzeit das erste Mal mit Dankbarkeit, aber ohne Schmerz an den Verstorbenen denken konnten. Was bleibt, ist die Liebe. Die Erinnerung an den Verstorbenen und an die glücklichen gemeinsamen Momente. Geben Sie sich die Zeit, die Sie benötigen!

Ein jegliches hat seine Zeit, und alles Vorhaben unter dem Himmel hat seine Stunde:
geboren werden hat seine Zeit, sterben hat seine Zeit;
pflanzen hat seine Zeit, ausreißen, was gepflanzt ist, hat seine Zeit;
töten hat seine Zeit, heilen hat seine Zeit;
abbrechen hat seine Zeit, bauen hat seine Zeit;
weinen hat seine Zeit, lachen hat seine Zeit;
klagen hat seine Zeit, tanzen hat seine Zeit;
Steine wegwerfen hat seine Zeit, Steine sammeln hat seine Zeit;
herzen hat seine Zeit, aufhören zu herzen hat seine Zeit;
suchen hat seine Zeit, verlieren hat seine Zeit;
behalten hat seine Zeit, wegwerfen hat seine Zeit;
zerreißen hat seine Zeit, zunähen hat seine Zeit;
schweigen hat seine Zeit, reden hat seine Zeit;
lieben hat seine Zeit, hassen hat seine Zeit;
Streit hat seine Zeit, Friede hat seine Zeit.

Aus der Bibel, Kohelet 3,1–8

Kapitel 7

MEMENTO MORI

Meine Mutter ruft an und fragt mich, ob ich mit ihr auf den Friedhof gehen würde. Alleine kann sie das nicht mehr. Sie hat Sehnsucht. Sehnsucht, das Grab ihres Mannes zu besuchen, eine Kerze anzuzünden. Mein Vater ist immer noch sehr präsent bei uns: durch die Bilder in dem kleinen hellen Zimmer in Mutters Wohnung, die regelmäßigen Familienbesuche an seinem Grab, aber vor allem durch die Geschichten und Anekdoten, die wir uns über ihn erzählen.

Als ich ein Kind war, sind wir als Familie regelmäßig auf den Südfriedhof gegangen. Dann halfen wir Kinder unserer Großmutter, das Familiengrab zurechtzumachen. Großmutter zeigte uns immer, wo einmal ihr Platz sein würde, direkt neben ihrem Mann. Das hatte nichts Trauriges, auch für uns Kinder nicht. Der Kreislauf des Lebens.

Das Grab zurechtmachen, hieß: die Gartengeräte und die Gießkannen vom Wasserbecken zum Grab zu tragen, das Beet herzurichten und die Blumen zu gießen. Danach wurden laut ein Vaterunser und ein Ave-Maria gebetet. Ich weiß noch, wie meine älteren Geschwister leise mitmurmelten und sich dabei immer wieder sorgenvoll umschauten, ob auch kein Schulkollege in der Nähe war. Ich selbst war noch zu klein, um es als unangenehm zu empfinden, zudem war ich damit beschäftigt, schadenfroh die großen Geschwister zu beobachten. Am Schluss wurde das Kreuzzeichen gemacht, und es ging zurück nach Hause.

Nun stehe ich viele Jahre später, als erwachsene Frau, mit meiner Mutter am Grab meines Vaters und meiner Großeltern. Die herumliegenden Blätter haben wir entfernt, die Kerze angezündet, die Hände gefaltet. Wieder beten wir gemeinsam. Peinlich ist es niemandem, eher eine Selbstverständlichkeit. Es gefällt mir, weil es längst ein Ritual ist, das uns zusammenschweißt. Die Sonne wärmt unsere Rücken, und der lange Schatten meiner Mutter fällt auf das Grab. Genau auf die Stelle, wo sie einmal liegen wird. Vorhin noch hat sie mir den Platz wieder gezeigt, genau wie Großmutter einst. Meine Mutter ist 89 Jahre alt, ja, sie wird wohl als Nächste gehen. Der Kreislauf des Lebens.

Der Moment berührt mich, und ich mache ein Foto.

Zu Hause drucke ich das Bild am Computer aus. Als ich es betrachte, stutze ich. Was ist das? Auf dem Bild sind ja zwei Schatten zu sehen, neben dem von meiner Mutter ist da noch ein weiterer: meiner. Kurz lache ich über mich selbst. Ich stehe da vor Ort, beobachte und interpretiere mit großer Geste den Schatten meiner Mutter, mache sogar ein Foto, denke an den Tod, der ihr irgendwann bevorsteht – und übersehe dabei völlig, dass mein Schatten ebenfalls auf das Grab fällt. Auch wenn die Wahrscheinlichkeit hoch ist, dass es noch etwas länger dauern wird als bei ihr, so wird mir in diesem Moment mal wieder klar: Auch an mir wird der Tod nicht vorübergehen!

Wieso glauben wir Menschen immer, der Tod treffe nur die anderen? Ist es ein Selbstschutz? Oder einfach simple Ignoranz? Wird sich daran etwas ändern, wenn meine Mutter einmal gestorben sein wird und ich die Nächste in der Reihenfolge bin?

Als kürzlich eine Mutter bei mir zum Gespräch war, die eine tödliche Diagnose erhalten hatte, dachte ich: Ihr ist bewusst, dass ihr Leben endlich ist. Wie wertvoll könnte es sein, wenn auch wir »Gesunden« das begreifen könnten – wenigstens manchmal.

Also nehme ich das Foto und hänge es an meine Pinnwand. Es macht mir keine Angst. Es ist eine leise Mahnung, dass auch mein Leben endlich ist. Wenigstens das hier auf der Erde.

Den eigenen Tod nicht verdrängen

»Wann muss man sterben?«, fragen Kinder manchmal. Die Antwort der Eltern lautet in der Regel: »Wenn man sehr alt ist.« So sieht ja unsere Idealvorstellung vom Tod aus: nach einem erfüllten und langen Leben friedlich und lebenssatt zu sterben. Manchmal sprechen Eltern sogar von »Einschlafen«, obwohl uns bewusst ist, dass schlafen und sterben unterschiedliche Konsequenzen hat. Doch in der Realität kommt der Tod meist anders. Die häufigste Todesursache in Deutschland sind Erkrankungen des Herz-Kreislauf-Systems, direkt danach kommt Krebs, dann Erkrankungen des Atmungssystems. Unter den Herz-Kreislauf-Erkrankungen ist eine der häufigsten Todesursachen der Herzinfarkt. Jedes Jahr sterben knapp 50 000 Menschen daran – ein Tod, der in der Regel sehr plötzlich kommt, sowohl für den Betroffenen als auch für sein Umfeld. Trotz dieser Zahlen rechnen die meisten Menschen nicht mit einem unvorhergesehenen Sterben, weder bei sich selbst noch bei ihren Angehörigen. Entsprechend groß ist die Bestürzung, wenn es dann doch geschieht.

»Er war doch noch so jung!«

»Sie hat nicht geraucht und so viel Sport gemacht. Wie kann das sein?«

»Seine Familie brauchte ihn doch noch. Ich kann das einfach nicht glauben!«

Anne kennt beides: den plötzlichen und den erwarteten Tod. Ihr erster Mann starb völlig überraschend. Damals dachte sie: »Es wäre sicher besser gewesen, wenn ich mich hätte verabschieden können.«

Nach dem Verlust lernte sie einen neuen Partner, eine neue Liebe kennen. Dieser Mann erkrankte an Krebs und starb sechs Jahre nach der Diagnose.

»Weißt du was?«, sagt Anne später zu einer Freundin. »Egal ob plötzlich oder erwartet, es ist immer schlimm! Und was am Ende zählt, ist doch, ob man sich im Leben gut war.«

Es geht hier nicht um die Frage, welche Todesart – schnell und unerwartet oder nach langer Krankheit – die schlimmere oder die bessere ist. Entscheiden können wir das ohnehin nicht. Es geht darum, sich klarzumachen, dass der Tod zu unserem Leben gehört.

In früheren Jahrhunderten war das den Menschen noch sehr viel stärker bewusst. Damals war der Tod tief im Bewusstsein verankert. Das hatte mehrere Gründe: Die Lebenserwartung war sehr viel geringer als heute, der Tod kam schneller über die Menschen. Und meist auch plötzlicher. Das betraf vor allem die Kinder: Die meisten Familien hatten wenigstens einmal ein Kind verloren, bevor es das dritte Lebensjahr erreicht hatte. Und wenn es ans Sterben ging, wurden die Menschen nicht in Krankenhäuser gebracht, sondern starben zu Hause, häufig im Familienkreis.

Gemeinsam mit dem in den Herzen und Köpfen der Menschen stark verankerten christlichen Glauben führte das dazu, dass die Menschen den Tod als gegeben hinnahmen und sich zu Lebzeiten sehr bewusst auf ihr Sterben vorbereiteten. Damals bewegte viele Menschen die Frage, wie man sein Leben so leben konnte, dass man anschließend mit »reinem Gewissen« vor seinem Schöpfer erscheinen und – möglichst ohne langen Aufenthalt im Fegefeuer – in den Himmel gelangen konnte.

Das ist keine Todessehnsucht, sondern ein nüchternes Wissen darum, dass das Leben endlich ist. »Memento mori« war ein damals gängiger Begriff, der dem mittelalterlichen Mönchslatein entstammte und so viel bedeutet wie: »Bedenke, dass du sterben wirst!«

Die Frage nach dem Fegefeuer ist für die meisten Menschen heute nicht mehr wichtig – zum Glück. Aber auch für uns ändert sich der Blick auf das Leben, wenn wir den Tod als natürlichen Teil davon betrachten. Unter anderem führt es dazu, dass wir Verantwortung übernehmen für unsere Nächsten und uns Fragen stellen, denen wir eigentlich lieber aus dem Weg gehen.

In meiner Trauerpraxis erlebe ich immer wieder Situationen, in denen Verstorbene ihren Liebsten zusätzlich zu der Trauer um den Verlust ungeordnete Verhältnisse hinterlassen. Die Verstorbenen haben einfach nicht damit gerechnet, dass es ausgerechnet sie treffen würde, jedenfalls nicht so schnell. Viele offene Fragen bleiben zurück, deren Beantwortung die Angehörigen viel Kraft kostet: Hätte er gewollt, dass wir die Organe spenden? Wie hätte er sich die Trauerfeier gewünscht? Wer soll eingeladen werden? Wünschte sie sich eine Erd- oder Feuerbestattung?

Solche Dinge sind schwer zu entscheiden, wenn der Verstorbene nichts hinterlassen hat. Dabei ist es nicht schwierig, für einen solchen Fall vorzusorgen. Mit wenigen Vorkehrungen schützen Sie Ihre Angehörigen vor unnötigen Belastungen im Fall der Fälle:

- Schreiben Sie eine Patientenverfügung, und hinterlegen Sie diese an einem Ort, der Ihren Angehörigen bekannt ist.
- Verfassen Sie ein gültiges Testament, und hinterlegen Sie es dort, wo andere es finden.
- Legen Sie schon heute fest, wie und wo Sie beerdigt werden möchten.
- Sprechen Sie über Ihre Wünsche! Vermutlich werden Sie erstaunt sein, wie wertvoll die sachliche Auseinandersetzung mit diesem Thema sein kann.

Am Tag, bevor ich das erste Mal einen längeren Flug antreten wollte, bekam ich überraschend Flugangst. Mir wurde bewusst, dass ich plötzlich sterben könnte, ohne die Möglichkeit zu haben, mich von meinem Mann und meinen drei Söhnen zu verabschieden. Also setzte ich mich an den Schreibtisch und schrieb jedem einen persönlichen Brief, in dem ich festhielt, was ich an ihm schätze und liebe. Ich gab allen vieren Segenswünsche mit auf den Weg und versuchte ihnen zu sagen, wie sehr ich sie liebe.

Nachdem ich die Briefe verfasst und dabei auch einige Tränen vergossen hatte, löste sich die Flugangst plötzlich auf. Ich fragte mich, ob meine Sorge vielleicht gar nicht darin bestanden hatte abzustürzen, sondern vielmehr darin, mich nicht verabschieden zu können, wenn ich sterben würde. Ich merkte, dass ich besser sterben – und verreisen – könnte, wenn ich dem Wissen um Abschiede im Leben einen Raum gebe. Seitdem die Briefe in meinem Schreibtisch liegen, lebe ich jedenfalls angstfreier – nicht nur vor Flügen. Und letztens kam mir der Gedanke: Ein Update der alten Briefe könnte wertvoll sein. Unsere Söhne, die damals Grundschulkinder waren, sind heute schließlich schon junge erwachsene Männer.

Über diese rechtlich-formalen Dinge hinaus ist es sicher kein Fehler, auch die persönlichen Dinge zu klären: Wenn Sie Ihre Beziehungen betrachten – gibt es etwas, das Sie unbedingt noch ausräumen möchten? Gibt es Streitigkeiten, die Sie bereinigen möchten? Andere Dinge? In meinen Jahren als Trauerbegleiterin habe ich es häufig erlebt, dass Menschen ihre Liebsten ratlos zurückgelassen haben.

Eine junge Mutter stirbt nach einem Autounfall. Ihr Mann findet in ihrer Jacke einen Brief. Das Kuvert ist adressiert und mit einer Briefmarke versehen. Der Brief ist an einen anderen Mann gerichtet – eine Liebesbeziehung, von der der Ehemann nichts ahnte.

***

Ein Vater stirbt an einem Herzinfarkt. Er hinterlässt im verriegelten Keller Unmengen an ungeöffneten Rechnungen und auf dem Konto viele Schulden. Durch die Arbeitsaufteilung des Ehepaares hatte die Frau nichts davon mitbekommen. Das Haus musste verkauft werden, die Schuldensumme danach war immer noch erheblich.

»Lehre uns bedenken, dass wir sterben müssen, auf dass wir klug werden«, wird im Psalm 90 gesagt. Sollten wir nicht so leben, dass wir jederzeit sterben können, ohne ein solches Elend zu hinterlassen? Ungute Geheimnisse belasten ihre Träger meist schon im Leben – und die Hinterbliebenen oft noch lange Zeit danach.

»Was würde ich bedauern, wenn ich heute sterben müsste?«
Vor einigen Jahren schrieb die Australierin Bronnie Ware einen weltweiten Bestseller mit dem Titel *5 Dinge, die Sterbende am meisten bereuen*. Darin erzählt die Palliativpflegerin von den Dingen, die Sterbende anders machen würden, hätten sie noch einmal die Chance:

»Ich wünschte, ich hätte den Mut gehabt, mein eigenes Leben zu leben.«
 »Ich wünschte, ich hätte nicht so viel gearbeitet.«
 »Ich wünschte, ich hätte den Mut gehabt, meine Gefühle auszudrücken.«
 »Ich wünschte mir, ich hätte den Kontakt zu meinen Freunden aufrechterhalten.«
 »Ich wünschte, ich hätte mir erlaubt, glücklicher zu sein.«

Im Rahmen meiner Trauerarbeit sind mir ebenfalls zahlreiche solcher Äußerungen begegnet:
 »Ich wünschte, ich hätte mir weniger Sorgen gemacht und das Leben mehr ausgekostet.«
 »Ich wünschte, ich hätte mein Leben weniger nach den Wünschen anderer ausgerichtet und mehr auf meine eigenen Bedürfnisse geachtet.«
 »Ich wünschte, ich hätte mehr Zeit mit meiner Familie verbracht und nicht immer gesagt: ›Ach, das kann ich ja morgen auch noch machen.‹«

»Ich wünschte, ich hätte Familienstreitigkeiten angesprochen und verziehen.«

»Ich wünschte, ich wäre mutiger gewesen, meine Ideen umzusetzen.«

»Ich wünschte, ich hätte weniger harsche Töne bei Nichtigkeiten angeschlagen.«

»Ich wünschte, ich hätte weniger der Vergangenheit nachgetrauert und mehr das J e t z t gesehen.«

»Ich wünschte, ich hätte mich lauter über die Dinge geärgert, die unfair anderen gegenüber waren, und mich mehr für Mitmenschlichkeit eingesetzt.«

»Ich wünschte, ich hätte einige Dinge weniger ernst genommen und stattdessen mehr gelacht.«

»Ich wünschte, ich hätte mich nicht so sehr um Angelegenheiten anderer gesorgt.«

»Ich wünschte, ich hätte meine große Liebe geheiratet und nicht auf jemand Besseres gehofft.«

Natürlich ist es bei jedem etwas anderes, das ihm bei einem plötzlichen Tod leidtun würde. Was wäre es bei Ihnen?

Auch wenn uns der Gedanke vielleicht unangenehm ist, möchte ich Sie ermutigen, sich folgende Frage zu stellen: Was würde ich bedauern, wenn ich heute sterben müsste?

Und dann ist es wichtig, im nächsten Schritt zu überlegen: Was will ich heute, wo ich noch nicht vor meinem Lebensende stehe, anders machen, damit ich einmal glücklich und zufrieden sterben kann – wann auch immer es so weit sein sollte?

Während ich dieses Kapitel schrieb, fragte ich Anita, eine sterbende Mutter, ob sie rückblickend etwas in ihrem Leben bedauere. Sie antwortete: »Ich bin traurig, dass ich nicht nach Irland gefahren bin, wohin ich mein Leben lang reisen wollte. Ja, das ist schade. Allerdings bedauere ich keinen einzigen Moment, dass mein Mann und ich viele Mühen auf uns genommen haben, unsere beiden Kinder zu bekommen.« Sie machte mir mit ihrer Antwort deutlich, dass wir beim Abschied nicht nur nach vertanen Chancen, sondern auch auf die gelungenen Momente schauen dürfen.

Daher auch meine Frage: Was wollten Sie in Ihrem Leben nicht missen? Wofür sind Sie dankbar?

In unserer Trauergruppe haben wir Anfang des Jahres eine Not-to-do-Liste erstellt. Hier konnte man alle Dinge aufschreiben, die man – ob realistisch oder nicht – in seinem Alltag am liebsten weglassen würde. Schlechte Angewohnheiten wie Rauchen, zu viel Fernsehen oder Ähnliches. Anschließend umkreisen die Teilnehmer die Punkte, die sie *tatsächlich* ändern wollten. In Kleingruppen redeten sie darüber, welchen Gewinn sie sich davon versprachen, diese Dinge sein zu lassen und ihre Gewohnheiten zu ändern. Am Ende der Trauergruppenstunde bekamen alle einen Bogen Kratzpapier. Mit einem Zahnstocher konnte jeder Wünsche der Not-to-do-Liste in einen To-do-Wunsch umformulieren. In einem Fall sah das etwa so aus: Aus »Zu viel Zeit mit Facebook vergeuden« wurde »Einmal in der Woche mit Freundinnen treffen«.

Sie können das Gleiche auch mit einer To-be-Liste versuchen. Wie möchten Sie leben? Wie möchten Sie sein? Oder wie wäre es mit einer I-want-to-have-Liste? Was wünschen Sie sich?

Sein Leben zu überdenken und neue Wege einzuschlagen, das ist immer lebensbejahend. Vielleicht merken Sie, dass es eigentlich schon länger an der Zeit ist, sich von einer schlechten Angewohnheit zu trennen, sich mit einem bestimmten Menschen zu versöhnen oder endlich damit zu beginnen, einen aufgeschobenen Traum in die Realität umzusetzen. Was wollen Sie heute wagen, wenn Sie daran denken, dass auch Ihr Leben endlich ist?

»Wenn eure Zeit zum Sterben gekommen ist, versucht, dass ihr glücklich und mit dem Gefühl sterben könnt, dass ihr euer Bestes getan habt«, sagte Sir Robert Baden-Powell, der Gründer der weltweiten Pfadfinderarbeit. Diese Worte gelten für uns alle.

Kapitel 8

WARUM WIR MIT KINDERN EHRLICH ÜBER DEN TOD SPRECHEN SOLLTEN

Gemeinsam mit dem Vater besucht die achtjährige Tochter ihre kranke Mutter im Krankenhaus, jeden zweiten Tag. Doch als man ihr sagt, dass es keine Chance auf Heilung mehr gäbe und ihre Mutter sehr bald – vielleicht schon in der nächsten Woche – sterben würde, will sie plötzlich nicht mehr mitgehen.
»Warum kommst du nicht mehr mit zu Mama?«, fragt der Vater.
»Ich will nicht!«, sagt die Tochter und verschränkt die Arme.
»Aber wieso denn nicht?«
»Ich will nicht!«
»Stört dich etwas? Möchtest du etwas wissen? Kann ich dir irgendwie helfen? Hast du eine Frage?«, will der Vater weiter wissen.
»Nein, habe ich nicht«, ist die kurze Antwort.

»Lass sie doch«, sagen einige Freunde zum Vater. »Kinder haben ein feines Gespür, sie können am besten selbst entscheiden, ob sie so etwas wollen oder nicht.«
Also geht der Vater erst mal alleine ins Krankenhaus.
Dennoch hat er kein gutes Gefühl bei dem Gedanken, die Tochter nicht mehr mit zur Mutter zu nehmen, und zieht mich als Trauerbegleiterin hinzu, um die Situation zu klären. Das ist wertvoll für beide, den Vater und die Tochter. Natürlich ist es wichtig, Kinder ernst zu nehmen und ihre Belange zu beachten. Auch und gerade in solchen Momenten. Aber für das Mädchen steht eine

Menge auf dem Spiel, und ihre Entscheidung hinzunehmen, ohne sie zu hinterfragen, hätte ein großes Risiko bedeutet: Wenn sie nach dem Tod der Mutter begreift, dass sie deren letzte Lebenszeit nicht mehr für Besuche, Gespräche oder Kuscheln genutzt hat, könnte sie sich Vorwürfe machen. Ebenso, wenn ihr klar wird, dass sie die Mutter in deren letzten Tagen traurig gemacht haben könnte mit ihrer Ablehnung. Oder sie überträgt ihre Vermeidungstaktik später auch auf andere Lebensprobleme, weil sie erlebt hat, dass Weglaufen der einfachste Weg ist. Vielleicht hätte sie später auch das Gefühl, dass der Vater sie in der Situation alleingelassen hat und sie, weil sie doch noch Kind war, stärker hätte animieren müssen, zur Mutter mitzukommen.

Ich sitze mit der Achtjährigen und ihrem kleinen Bruder gemeinsam am Tisch in ihrem Wohnzimmer. Natürlich habe ich einige Ideen, woran es liegen könnte, dass die Tochter ihre Mutter nicht mehr besuchen will:

- Vielleicht hat sie keine Lust, ins Krankenhaus zu gehen, weil es dort zu langweilig ist.
- Es macht sie traurig, ihre Mama so krank zu erleben.
- Irgendetwas dort macht ihr Angst oder riecht ungut, und sie meidet deshalb den Besuch.
- Sie denkt, wenn sie die kranke Mama ignoriert, geschieht auch nichts Schlimmes.
- Sie ist sauer auf ihre Mutter, weil sie einfach sterben wird, und bestraft sie durch Nichtachtung.

Häufig ist es so, dass Kinder sehr abenteuerliche Vorstellungen zum Thema Tod haben. Das liegt daran, dass wir Erwachsenen am liebsten einen großen Bogen um das Thema machen und es schon gar nicht den »armen Kleinen« zumuten wollen. Es ist kein Wunder, dass Kinder dann aus Unwissenheit die verrücktesten Ideen darüber mit sich herumtragen, wenn es ihnen niemand erklärt.

Hier setze ich an. Der kleine Bruder erzählt mir gleich zu Beginn unseres Treffens, dass seine Mama sterben wird. Ich frage die beiden: »Habt ihr schon einmal einen toten Menschen gesehen?«

Die Kinder schütteln den Kopf.

Ganz sachlich erkläre ich ihnen, wie Sterben aussieht: »Die meisten Menschen haben die Augen geschlossen, wenn sie sterben. Aber manchmal haben sie sie auch noch offen. Bei meinem Vater war das zum Beispiel so. Es sah aus, als würde er zum Fenster hinausschauen. Wir haben dann seine Augenlider mit dem Finger vorsichtig runtergemacht. Der Tote kann das ja selbst nicht mehr tun. Wenn man tot ist, ist alles tot. Auch das Gehirn, und deswegen kann es den Muskeln in den Augenlidern nicht mehr sagen: ›Mach mal die Augen zu!‹

Ein verstorbener Mensch kann nicht mehr reden und sich nicht mehr bewegen. Wer schläft, wird wieder wach. Aber wer tot ist, bleibt es für immer. Das Herz hört auf zu schlagen, und es fließt kein Blut mehr durch die Adern. Der tote Mensch wird ganz kalt, so wie ... wartet mal ... wie dieses Glas mit Wasser hier.« Ich gebe das kühle Glas mit Mineralwasser in die Hände des Mädchens, das es schweigend fühlt und es dann dem Bruder weiterreicht.

Ich spreche noch eine Weile weiter, bis ich das Gefühl habe, dass die Kinder wenigstens ein bisschen verstanden haben, was Tod bedeutet.

Plötzlich sagt die Achtjährige zu mir: »Ach, Mechthild, das war so gut, dass du das mal erklärt hast. Weißt du, ich habe immer gedacht: Wenn Mama stirbt, dann liegt da ein Skelett im Bett. Jetzt kann ich sie ja wieder besuchen gehen.«

Irgendwann hatte sie wohl beim Anblick eines Skeletts – vielleicht zu Halloween – von jemandem die Erklärung bekommen: »Das ist ein toter Mensch.« Kinder verarbeiten Informationen sehr wörtlich, und eine vermeintlich harmlose Äußerung kann einiges bei ihnen auslösen. Vor allem dann, wenn sie sie nicht mit der Realität abgleichen können. So kam es, dass sie mit ihren acht Jahren glaubte, ihre Mutter würde sich beim Sterben in ein Skelett verwandeln – und wollte das nicht erleben. Fragen konnte sie nicht formulieren, denn wenn wir glauben, dass wir Bescheid wissen, haben wir auch keine Fragen.

Damals ist mir noch einmal klar geworden, wie wichtig es ist, dass wir Kindern sachliche Informationen über den Tod geben. Dass es wichtig ist nachzuforschen, wenn Ängste oder Hemmungen bestehen. Wir dürfen nicht einfach sagen: »Wir warten, bis die Kinder von selbst Fragen stellen!« oder »Die Kleine wird schon wissen, warum sie die Mama nicht besuchen will«, denn als das Mädchen gefragt wurde: »Hast du eine Frage?«, antwortete es mit einem klaren »Nein«. Fehlende Worte oder falsche Information schaffen Unfreiheit und schüren Ängste. Im Zusammenhang mit den Themen Sterben und Tod können sie schlimme Folgen haben.

Deshalb ist es wichtig, den Tod nicht als Tabuthema zu behandeln. Schließlich ist er Teil unseres Daseins. Wir dürfen von Beginn an offen und unbefangen mit ihm umgehen. Und zwar nicht erst, wenn der Todesfall im eigenen Umfeld auftaucht. So wäre es gut gewesen, den Kindern wären Bilder- und Sachbücher zu den Themen Abschied, Scheidung, Tod und Trauer schon im Kindergarten begegnet, über die sie mit ihren Erzieherinnen, Freunden und auch Eltern hätten sprechen können.

Information schafft Sicherheit.

Unter den Verunglückten der Germanwings-Maschine, die im französischen Le Vernet vor einen Berg flog, befanden sich auch 16 Schülerinnen und Schüler und 2 Lehrerinnen des Joseph-König-Gymnasiums in Haltern, die sich auf dem Rückflug von einem Schüleraustausch in Llinars del Vallès in der Nähe von Barcelona befunden hatten.

Solche Unglücke sind für die Trauernden mit besonderen Schwierigkeiten verbunden. Da ist zunächst die Sinnlosigkeit des Vorgangs: Suizid. Ein Mord, ein Attentat, sagten andere.

Ein technischer Defekt oder ein Wetterunglück wären für Angehörige vielleicht leichter zu verstehen gewesen, aber das?

Die Verzweiflung, die Wut und die Ohnmacht machten vielen Angehörigen die Trauer zusätzlich schwer.

Die mediale Öffentlichkeit tat ihr Übriges. Zwar erhielten die Betroffenen dadurch wahrscheinlich schneller finanzielle Hilfe und auch viel Zuspruch und Trost, aber für viele ist es schwer, wenn sie nicht so intim trauern können, wie es ihnen lieb ist. Es kann anstrengend sein, wenn man in den Medien und auf der Straße immer wieder mit dem Geschehen konfrontiert wird, wenn einem immer wieder Mitgefühl, aber auch eine unverhohlene Neugierde entgegengebracht werden. Zudem missfällt es vielen Angehörigen, ständig in der Opferrolle gesehen zu werden.

Mit meinem Team aus dem Trauerhaus wurde ich in die Schule nach Haltern gerufen, wo wir Lehrerinnen und Lehrer in ihre Klassen begleiteten, um mit den Schülerinnen und Schülern am folgenden Tag über das Unglück zu sprechen.

Je jünger die Schülerinnen und Schüler waren, desto ungehemmter waren auch ihre Fragen. So etwa in einer fünften Klasse:

»Leben jetzt alle im Himmel weiter?«

»Ob die jetzt merken, dass wir um sie trauern?«

»Wie fühlen sich die Eltern?«

»Warum sind die Menschen nicht mit Fallschirmen rausgesprungen?«

»Kann so etwas jetzt öfters passieren?«

»Ist es schlimmer, wenn Einzelkinder sterben?«

»Wie fühlen sich die, die keinen Platz mehr für die Fahrt bekommen haben?«

Wir sammelten sie an der Schultafel, um nicht eine zu vergessen. Wir haben alle Fragen besprochen. Nicht auf jede Frage gab es eine Antwort – aber es gab einen Gedankenaustausch dazu. Es war den Kindern anzusehen, dass es ihnen guttat, alles fragen und über alles reden zu dürfen, was sie beschäftigte, ohne Hemmungen.

Nicht nur Kinder benötigen die ernst gemeinte Aufforderung und den zeitlichen Raum, alles benennen zu dürfen, was sie beschäftigt. Einige Fragen kann man direkt beantworten, zu manchen philosophieren und bei wieder anderen weitere Fachleute befragen.

Kinder stellen manchmal Fragen, die Erwachsene als »unpassend« ansehen. Aber es ist wichtig, auch auf diese einzugehen. Sie sind nun mal da – vielleicht auch bei den Erwachsenen, die sich aber nicht trauen, darüber zu sprechen – und wollen beantwortet werden. Wenn wir ihnen keinen Raum geben, dann gären sie in den Köpfen der Kinder vor sich hin und können zu beängstigenden Fantasievorstellungen werden.

Gehen Sie auf diese Fragen ein. Seien Sie ehrlich zu den Kindern, und geben Sie zu, wenn Sie etwas nicht wissen. Nehmen Sie auch ungewöhnliche Fragen ernst, und versuchen Sie nicht, Dinge zu beschönigen. Zeigen Sie Kindern auch Ihre eigene Trauer, damit sie nicht denken, Traurigkeit sei etwas, das man verdrängen müsse.

Wichtig ist auch, sich ausreichend Zeit zu nehmen und eine für Kinder verständliche Sprache zu nutzen, möglichst mit Bildern als Beispiel. Verwenden Sie den Begriff »gestorben«, nicht »eingeschlafen«. Ein eingeschlafener Mensch wacht wieder auf und darf auch nicht verbrannt oder begraben werden. Oftmals möchten Erwachsene deutliche Informationen und Gedankengänge der Kinder aus der Sorge heraus nicht aufgreifen, die Kinder könnten Ängste entwickeln. Meist ist es jedoch die eigene Furcht, die sie auf Distanz gehen lässt. Seien Sie mutig, und gestehen Sie sich und den Kindern ein, nicht alles wissen oder beantworten zu können oder zu wollen. Sie können auch jederzeit Unterstützer um zusätzliche Hilfe bitten.

»Mechthild, ich habe da mal eine Frage«, sagt ein Kind in unserer Trauergruppe für die Geschwister und besten Freunde der verstorbenen Schüler und Schülerinnen. »Woher hat man denn gewusst, zu wem die Arme und Beine, die am Unfallort rumlagen, gehören?«

Schweigen in der Runde. Alle warten gespannt auf meine Antwort. Ich frage in die Runde zurück: »Ist es o. k., dass wir darüber sprechen? Ich möchte nicht, dass das Gespräch einem nicht guttut.«

»Ne, ne, erzähl ruhig«, sagen alle, und ich spüre, dass sich viele von ihnen diese Frage auch schon gestellt haben. Also erkläre ich es ihnen: »Wisst ihr, die Polizeibeamten sind in den Häusern der verstorbenen Kinder gewesen und haben DNA-Spuren genommen, z. B. Haare aus Bürsten. Wenn sie an der Unfallstelle dann ein linkes Bein gefunden haben, haben sie mithilfe von DNA-Tests untersucht, zu wem es gehört, und es dann unten links in den Sarg gelegt. Und jemand anderes hat den rechten Arm von der Person gefunden und diesen seitlich rechts in den Sarg gelegt.«

»Aber es gab doch gar keine erkennbaren Körperteile mehr«, meint ein anderer Schüler. In der Presse hatte es die unterschiedlichsten Mutmaßungen gegeben, unter anderem auch die, dass alles bei dem Unfall zerstört worden sei. Solche Gerüchte verbreiten sich schnell und schaffen keine guten Bilder in den Gedanken der Kinder. Entsprechend wichtig ist es, darüber zu sprechen.

»Ich weiß nicht, welche Körperteile noch da waren«, sage ich. »Es kann gut sein, dass manche Arme oder Beine so zerstört wurden, dass man sie nicht mehr richtig als solche erkennen konnte. Aber ich weiß, dass die Ermittler vor Ort ihr Bestes getan haben, um alle Körperteile, die sie gefunden haben, wieder an die richtige Stelle zu legen.«

In der Gruppe erkläre ich, wie wertvoll es ist, sich zu trauen, alle Fragen, die einen verunsichern, zu stellen, und dass dies hier ein guter Rahmen dafür ist. Manchmal ist es leichter, sie nicht den ebenfalls betroffenen Familienangehörigen, sondern mitfühlenden, aber sachlichen Außenstehenden zu stellen. Und dass wir alle erst anfangen können zu trauern, wenn wir begriffen haben, was und warum es geschehen ist.

***

Miriams Mann Karsten ist verstorben. Gemeinsam haben sie eine zweijährige Tochter, Frida. Ich treffe Miriam und Frida am Krankenhaus, wo sie von dem Toten Abschied nehmen wollen. Wir sprechen darüber, dass Frida noch so klein ist, dass sie »schlafen« und »tot sein« nicht unterscheiden kann. Und doch, da sind wir sicher, wird sie emotional erfassen, dass sich mit ihrem Papa etwas verändert hat. Und auch im Leben der Familie.

Dann stehen wir zu dritt im Aufbahrungsraum des Bestatters. Frida ist auf Mamas Arm, und als sie den Vater im Sarg erblickt, sagt sie: »Papa heia.« Die Mama ist erleichtert, dass Frida so unproblematisch auf den Anblick des Vaters reagiert. Sie wiederholt die Worte ihrer Tochter: »Ja, Papa heia.«

Ich merke, dass sie es dabei belassen möchte, und mache ihr vorsichtig Mut, dem Kind zu sagen, dass Papa nicht nur schläft. Ich ermutige sie, bei der Wahrheit zu bleiben, erkläre ihr, dass Frida jetzt zwar den Unterschied zwischen »schlafen« und »tot sein« noch nicht versteht, Eltern aber schon bei kleinen Kindern ehrlich sein sollten, denn was sagt sie der Tochter später, wenn sie fragt, wieso Papa nicht aufwacht? Und wer weiß, ob sie nicht eines Tages Panik beim Anblick der schlafenden Mutter bekommt, weil sie fürchtet, die Mama könne ebenfalls nicht wieder aufwachen?

Miriam zögert, aber versteht meinen Einwand. Als Frida wieder sagt »Mama, Papa heia«, antwortet sie diesmal: »Nein, Frida, Papa sieht nur so aus, als ob er heia machen würde. Aber Papa schläft nicht, Papa ist tot.«

Das Mädchen kuschelt sich an die Mama und sagt wieder: »Heia.« Es versteht nicht, was hier passiert. Noch einmal versucht die Mama ihr zu sagen, dass der Papa nicht wieder aufwachen wird.

Frida begreift an diesem Nachmittag nicht, was »tot« bedeutet. Und doch spürt sie, dass Mama ihr etwas Besonderes zu sagen versucht, fühlt neben der Traurigkeit auch die Ehrlichkeit, die in ihren Worten steckt.

Auch Erwachsene haben Fragen

Es sind nicht nur Kinder, die unter der Tabuisierung und dem damit einhergehenden Informationsmangel leiden. Als der 34-jährige Michael hört, dass er und seine Frau die verstorbene Tochter, die nur wenige Tage alt wurde, für 36 Stunden mit nach Hause nehmen dürfen, reagiert er zunächst entsetzt: »Ich habe noch nie einen toten Menschen gesehen und will nicht mit ansehen, wie mein Kind sich verändert und zu riechen beginnt.« Was Michael nicht weiß: Der Verwesungsprozess kleiner Kinder schreitet in der Regel nur sehr langsam voran. Davor, dass sein Kind sich extrem verändert und zu riechen beginnt, muss der trauernde Vater keine Angst haben.

Der 18-jährige Tom, dessen Mutter im Sterben liegt, fragt, ob es stimme, dass Tote noch einmal in die Hose machen. Tatsächlich entleert sich aufgrund der Muskelentspannung meistens ein Teil der Blase. Toms Mutter hatte allerdings die letzten Tage vor dem Sterben weder gegessen noch getrunken, sodass das bei ihr kein Thema war. Und selbst wenn, hätte es das Pflegepersonal im Hospiz genauso erledigt wie zu Lebzeiten. Diese Information beruhigte Tom, und er saß in der Stunde des Sterbens bei seiner Mutter und hielt ihre Hand.

Michael und Tom sind heute dankbar dafür, dass sie die notwendigen Informationen bekommen haben, die sie brauchten, um der Situation angemessen zu begegnen. Michael sagte, er sei auch froh, dass seine beiden anderen Kinder den Abschied von der kleinen Schwester ohne Ängste miterleben durften – und nicht wie er bis ins Erwachsenenalter aus Unwissenheit Ängste aushalten müssten.

Konrad ist fünf Jahre alt. Seine Mama hatte einen Herzinfarkt und liegt auf der Intensivstation. Sie wird sterben. Am Morgen meldet sich die Kindergartenleiterin bei mir: »Ich habe bei Ihnen die religionspädagogische Fortbildung mitgemacht. Und heute stand der Vater hier, so traurig und verunsichert, und wollte den Sohn nicht mit zur Mama mitnehmen. Da fiel mir ein, dass Sie gesagt haben: ›Nehmt die Kinder mit. Erklärt es ihnen, und lasst sie nicht außen vor.‹ Ich verstand damals gut, was Sie meinten. Konrad und seine Mama waren so ein enges Team, da wusste ich, dass er sie noch einmal sehen sollte. Zum Glück war der Vater einverstanden. Zur Unterstützung ist auch noch eine Erzieherin aus der Kita mitgefahren. Können Sie auch noch dorthin kommen?«

Ich bin baff. Noch nie habe ich es erlebt, dass eine Kita eine Erzieherin mit auf die Intensivstation schickt. Wie großartig und hilfreich ist das!

Im Warteraum der Intensivstation treffe ich den Vater, die Tante, die Krankenhausseelsorgerin, die Erzieherin und natürlich Konrad. Er sitzt da so klein zwischen den Erwachsenen. Viele weinen. Es ist gut, dass er dabei ist. Es geht schließlich um seine Mama.

Ich sage Konrad, dass die Erwachsenen so viel weinen, weil sie traurig sind, dass die Mama so schwer krank ist. Er hat schon gehört, dass die Mama sterben wird. Aber was bedeutet »Sterben« für ein fünfjähriges Kind? Was versteht, was begreift es davon? Die Traurigkeit der Großen ist für das Kind oft schlimmer, als wenn es hört, dass jemand stirbt. Ich spreche mit ihm übers Traurigsein. Traurigsein verstehen auch Fünfjährige.

»Was hilft euch, wenn ihr traurig seid?«, frage ich in die Runde.

»Weinen«, sagt der Papa spontan.

»Sich in den Arm nehmen«, sagt Andrea, die Erzieherin.

»Und was hilft dir?«, frage ich Konrad.

»Warmer Kakao«, sagt er. Es ist ein sehr heißer Augusttag, der eher nach einem Eis verlangt, aber warmer Kakao als Tröster, das versteht jeder.

Wir gehen zur Mama rein, sie liegt im Bett, verkabelt mit vielen Infusionsschläuchen. Konrad weint. Er hatte draußen schon gesagt bekommen, wie Mama aussieht, dass man ihr mit den Geräten helfen will, aber jetzt fängt er an zu begreifen, dass mit Mama wirklich etwas Schlimmes los ist.

Schwester Annika schaut ins Zimmer, und ich frage, ob sie reinkommen kann. »Konrad, die Annika können wir jetzt fragen, was da alles für Sachen an der Mama dran sind.« Sie nickt, Konrad auch. Auf Papas Schoß sitzend, zeigt er auf den Ernährungsschlauch. Er schluchzt dabei. Der Papa drückt ihn an sich, und Schwester Annika erklärt: »Dadurch bekommt deine Mama das Essen. Der Schlauch geht durch die Nase, durch den Hals und die Speiseröhre bis in den Magen. Deine Mama ist sehr krank. Sie kann nicht mehr kauen und schlucken, und jetzt bekommt sie so etwas wie Spinat und Kartoffelbrei durch den Schlauch, damit sie kein Magenknurren hat.« Sie erklärt so ruhig, so gut, dass ich denke: Sie müsste in *Die Sendung mit der Maus* auftreten. Aus dem kurzen Vorgespräch weiß ich, dass sie selbst sehr berührt ist. Sie ist ebenfalls Mutter eines kleinen Sohnes. Ihre Erklärungen geben nicht nur Konrad, sondern uns allen Halt.

Konrad nickt. Dann rutscht er von Papas Schoß, geht um das Bett herum, stellt sich neben die Schwester und fragt und fragt und fragt. Und sie erklärt, erklärt und erklärt. Es tut auch den Erwachsenen gut, Fachwissen kindgerecht zu hören. Wer weiß schon alles? Und wer traut sich, wie die Kinder zu fragen?

Zum Schluss bekommt Konrad zwei Spritzen geschenkt: eine große für die Badewanne und eine, mit der er im Kindergarten zeigen kann, was bei seiner Mama gemacht wird, damit sie keine Schmerzen hat. Dann klettert er wieder auf Papas Schoß zurück und fragt ihn: »Und wann kommt Mama wieder nach Hause?«

Schweigen.

»Mama kommt nicht mehr nach Hause«, sagt der Vater. »Die Mama ist so krank, dass sie nicht mehr gesund wird. Die Mama stirbt.« Bei diesen Worten weint der Vater – nicht vor Traurigkeit, wie er später sagt, sondern eher weil er es geschafft hat, das seinem Sohn deutlich zu sagen.

Dann fahren wir alle gemeinsam mit dem Fahrstuhl nach unten, Konrad, der Vater, die Erzieherin und ich. Der Vater lädt uns in der Cafeteria zum Kaffee ein.

»Konrad, möchtest du ein Eis?«, fragt er seinen Sohn.

»Nein, ich möchte einen warmen Kakao«, sagt der und zieht den Rotz vom Weinen in der Nase hoch.

Dieser kleine Kerl hat Glück mit dem Vater, den Verwandten, der Kita und dem Krankenhaus. Glück, dass er in der großen Traurigkeit dabei sein darf. Denn mit Trauer können wir klarkommen, mit Außen-vor-gelassen-Werden weniger.

Kapitel 9

WENN TRAUER INS STOCKEN GERÄT

Trauer ist ein sehr vielschichtiger Prozess, der kulturell, aber vor allem durch die eigene Persönlichkeit geprägt ist. Menschen trauern auf unterschiedliche Weise. Wenn der eine etwas mehr Zeit benötigt oder der Ausdruck seiner Trauer nicht den Erwartungen anderer entspricht, muss das nicht heißen, dass etwas nicht in Ordnung ist. Aber tatsächlich kann es passieren, dass der Trauerprozess ins Stocken gerät; dass uns etwas behindert, Trauerarbeit leisten zu können; dass die Wunde einfach nicht heilen will. Die Ursachen hierfür können ganz unterschiedlich sein, wie wir in diesem Kapitel sehen werden. Dann gilt: Schauen Sie genau hin. Suchen Sie sich Unterstützung von nahestehenden Menschen oder Fachleuten, die mit Ihnen gemeinsam schauen, was Ihr Verlustschmerz benötigt, um gelindert zu werden.

Nachdem Elisabeth Kübler-Ross ein Sterbemodell entwickelt hatte, entstanden nach und nach auch Modelle zur Trauer. Solche Trauermodelle sind keine Rezepte, die man Punkt für Punkt anwendet, um dann garantiert zum gewünschten Erfolg zu kommen. Trauermodelle können aber hilfreiche Orientierungen für den veränderten Lebensprozess nach einem Verlust sein.

Sie sind hilfreich, um Bedürfnisse und Verarbeitungsmechanismen von Trauernden zu erkennen und unterstützen zu können.

Trauer beinhaltet verschiedene Aufgaben

Schon der Begriff Trauer-»Arbeit« macht deutlich, dass schwierige Aufgaben vor den Trauernden liegen. Trauerarbeit besteht aus einer Reihe verschiedener Aufgaben. In Anlehnung an das Trauermodell von William J. Worden zähle ich folgende Aufgaben zur Trauerarbeit:

- das Akzeptieren der Tatsachen: Es ist, wie es ist;
- das Begreifen der Folgen des Verlustes;
- das Zulassen der Trauergefühle;
- die Anpassung an die veränderten Lebensumstände;
- das Zuweisen eines (Beziehungs-)Orts und das Gestalten der Erinnerung.

Im Folgenden möchte ich näher auf die einzelnen Traueraufgaben eingehen. Natürlich gilt es nicht, diese in einer bestimmten Reihenfolge abzuarbeiten. Sie können zu verschiedenen Zeitpunkten, in unterschiedlicher Intensität, alleine oder auch gleichzeitig auf den Trauernden zukommen.

Das Akzeptieren der Tatsachen: Es ist, wie es ist
Todesfälle, ob erwartet oder plötzlich, bringen häufig ein Gefühl der Unwirklichkeit mit sich. Informationen über das Was, Wie und Warum sind wichtig, um das Geschehene zu verstehen und zu akzeptieren. Besonders hilfreich ist es, den Verstorbenen noch einmal zu sehen und durch ein Berühren im wahrsten Sinne begreifen zu dürfen, was passiert ist. Wenn der Verstorbene schon beerdigt ist, bleibt dem Angehörigen nichts anderes übrig, als zu glauben, dass der verstorbene Mensch wirklich tot ist – ohne dass er sich davon überzeugen konnte. Das kann im Nachhinein schwerer sein als gedacht.

Einen Verlust anzuerkennen, bedeutet, die neue, ungeliebte Wirklichkeit als solche zu akzeptieren. Es ist wichtig, sich nicht in Gedanken zu verlieren wie »Was wäre gewesen, wenn ...« oder »Hätte ich doch nur ...«, sondern den Tatsachen ins Auge zu

>> Leseproben zu allen Büchern unter www.bene-verlag.de

Wie wir zu neuer Stärke finden

Sich einfach mehr zuzutrauen – sehnen auch Sie sich danach? Dem Unternehmer und Bestseller-Autor Bodo Janssen ist es ein Anliegen, dass wir zu unserer Bestimmung finden. Umrahmt von Erzählungen der außergewöhnlichen Touren, die er mit einigen Auszubildenden unternommen hat – nach Spitzbergen und auf den Kilimandscharo –, macht er deutlich, wie viel möglich ist, wenn man sich selbst vertraut. Kommen Sie mit auf die innere Reise zu einem erfüllten Leben!

Bodo Janssen
Vertrau dir selbst und du schaffst (fast) alles
Hardcover mit Schutzumschlag
ca. 228 Seiten, farbiger Bildteil
ISBN 978-3-96340-149-7
€ [D] 20,– · € [A] 20,60

>> Innenansichten unter www.bene-verlag.de

Unser Liebling für den Advent

Jedes Jahr aufs Neue gestalten die Künstlerinnen Ann-Kathrin Blohmer und Stephanie Brall mit viel Liebe zum Detail die Seiten für ihren Lichtungen-Adventskalender. Lassen Sie sich vom 1. Dezember bis zum 6. Januar überraschen von fantasievollen Geschichten und Gedichten, fabelhaften Rezepten und inspirierenden Adventsritualen. Und falls Sie diesen Leporello nach Advent 2020 in der Hand halten: Sichern Sie sich doch direkt den Nachfolger für 2021.

Stephanie Brall /
Ann-Kathrin Blohmer
Lichtungen – Advent 2020
Wandkalender mit Spiralbindung
48 farbige Seiten · 22 x 30 cm
GTIN 4260308357497
UVP € [D] 16,– · € [A] 16,–

Einfach besser entscheiden

Nichts beeinflusst unser Lebensglück so sehr wie unsere Entscheidungen. Melanie Wolfers vermittelt anhand eines innovativen Konzepts die Kunst, eine kluge Wahl zu treffen. Das Besondere: Sie können entscheiden, ob Sie das Buch in einem Stück als *allgemeinen* oder als *individuell* abgestimmten Ratgeber für mehr Klarheit in einer konkreten Entscheidungssituation lesen wollen. Auf beiden Wegen finden Sie alltagstaugliche Strategien, Methoden, Beispiele und Tipps.

Melanie Wolfers
Entscheide dich und lebe!
Hardcover mit Schutzumschlag
ca. 224 Seiten
ISBN 978-3-96340-117-6
€ [D] 18,– · € [A] 18,50

Erhältlich ab 1. Oktober 2020

Auch erhältlich:
Trau dich, es ist dein Leben
ISBN 978-3-96340-022-3
€ [D] 17,– · € [A] 17,50

Margot und Lea Käßmann haben passende Geschichten, Gedichte, Lieder und Gebete sowie ein 5-Minuten-Ritual zur Guten Nacht zusammengestellt. Dabei greifen sie Situationen auf, die Kinder beschäftigen: wenn es Streit gab, wie schön es ist, zu helfen, und wie man Trost findet. Ab 4 Jahren.

Hardcover · 17 x 24 cm · 80 farbige Seiten
Illustriert von Melanie Brockamp
ISBN 978-3-96340-144-2
€ [D] 12,– · € [A] 12,40

Gute Gedanken und Wünsche zur Erstkommunion mit Texten von Marcus und Kerstin Leitschuh. Bebildert mit liebevollen Engel-Illustrationen von Romana Moser. Ein wunderschönes Geschenk, das daran erinnert: Gottes Engel begleitet dich auf deinen Wegen. Jeden Tag. Immer.

Hardcover · 21 x 21 cm · 48 farbige Seiten
Illustriert von Romana Moser
ISBN 978-3-96340-093-3
€ [D] 15,– · € [A] 15,50
Erhältlich ab 15. Januar 2021

Die Kraft von Bildern und Zeichen

Bis heute liegt eine große spirituelle Kraft in den Symbolen, Bildern und Zeichen des Christentums verborgen. Doch ist uns vieles kaum noch geläufig: Wieso hat sich der Fisch als Erkennungszeichen der Christen etabliert? Welche Bedeutung haben sprachliche Bilder wie die Tür oder die Perle? Anselm Grün erläutert kenntnisreich die wichtigsten christlichen Symbole, Rituale, liturgische Farben und Sinnbilder der Bibel. Mit leuchtenden Bildern von Eberhard Münch.

Anselm Grün
Eine Brücke zum Himmel
Hardcover
ca. 160 farbige Seiten
ISBN 978-3-96340-110-7
€ [D] 18,– · € [A] 18,50

Vom Glück des Unscheinbaren

Das Nahe, das Ferne, das Winzige, das Große, das Unsichtbare und das Sichtbare – all das nimmt der meisterhafte Erzähler Titus Müller in den Blick. Er lässt uns neu staunen und spüren, wie gut es uns tut, genauer hinzusehen. Das Leben mit all seinen Facetten immer wieder neu dankbar anzunehmen. Es gibt so viel zu entdecken! Dies gilt auch für die Schönheit des christlichen Glaubens. Im Kleinen kommt uns ein großer Gott nahe …

Titus Müller
Staunen über das Glück im Unscheinbaren
Hardcover mit Veredelung
128 Seiten
ISBN 978-3-96340-108-4
€ [D] 10,– · € [A] 10,30

»Es ist an der Zeit, das Leben aufzuräumen. Heino Masemann und ich haben beide erfahren, wie vielschichtig und krisenhaft die Zeit sein kann, die wir als Lebensmitte bezeichnen. Und wie beglückend es ist, irgendwann zu spüren, wohin die eigene Reise wirklich geht.«
Bettina Wulff, ehemalige First Lady

Hardcover · 192 Seiten
ISBN 978-3-96340-100-8
€ [D] 18,– · € [A] 18,50

Peter Tauber hat als bisher jüngster Generalsekretär der CDU eine steile politische Karriere hinter sich, als er schwer erkrankt. Der Christ zeigt, wie befreiend es ist, festzustellen »Ich muss kein Held sein«, und bietet nebenbei einen spannenden Blick hinter die Kulissen der Spitzenpolitik.

Hardcover · 224 Seiten
ISBN 978-3-96340-112-1
€ [D] 18,– · € [A] 18,50

Sehr persönlich beschreibt Margot Käßmann den Start in die besten Jahre, steht zu den abnehmenden Kräften und benennt Kraftquellen. Worauf kann man sich freuen? Was trägt? Ein Buch, das Lust macht, die Lebensphase ab Mitte 50 hoffnungsvoll anzugehen.

Hardcover
Lesebändchen · 240 Seiten
ISBN 978-3-96340-010-0
€ [D] 18,99 · € [A] 19,60

Auch erhältlich: Der passende Aufstellkalender *Schöne Aussichten 2021*.

Carsten Leinhäuser ist ein Abenteurer, dem Gott immer wieder anders begegnet: an vielen Orten der Erde und durch faszinierende Menschen. Der katholische Geistliche erzählt von Beziehungskisten, Gegenwind- und Hoffnungstagen, was ihn an Kirche stört und weshalb er sie trotzdem mag.

Klappenbroschur · 192 Seiten
ISBN 978-3-96340-084-1
€ [D] 18,– · € [A] 18,50

Einander mehr achten

Vordrängeln oder rechts überholen; dem Gegenüber das Wort abschneiden. Hasstiraden und Beschimpfungen. Kein Tag vergeht, ohne dass wir einander das Leben schwer machen. Vor allem eines geht zunehmend verloren: der Respekt. Tim Niedernolte zeigt auf, wie es um unsere Gesellschaft und das Miteinander steht. Er sehnt sich danach, dass mehr und mehr Menschen den RESPEKT neu entdecken und hochhalten. Wie finden wir zurück zu einem guten Miteinander?

Tim Niedernolte
Respekt! Die Kraft, die alles verändert – auch mich selbst
Hardcover mit Schutzumschlag
ca. 192 Seiten
ISBN 978-3-96340-132-9
€ [D] 18,– · € [A] 18,50

Erhältlich ab 1. Oktober 2020

Trost in Zeiten des Abschieds

Die erfahrene Trauerbegleiterin Mechthild Schroeter-Rupieper greift auf einfühlsame Weise die konkreten Fragen, Ängste und Zweifel von Todkranken und Trauernden auf. Wie will ich die verbleibende Zeit gestalten? Was hilft dabei, nach einem Sterbefall die Traurigkeit zu überwinden? Konkrete Beispiele aus ihrer täglichen Arbeit machen das Buch anschaulich. Eine fundierte Hilfe, um das Unabänderliche zu begreifen und mit dem Verlustschmerz umzugehen.

Mechthild Schroeter-Rupieper
In deiner Trauer getragen
Hardcover mit Schutzumschlag
192 Seiten
ISBN 978-3-96340-064-3
€ [D] 18,– · € [A] 18,50

>> Leseproben zu allen Büchern unter www.bene-verlag.de

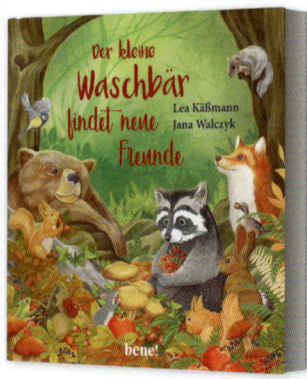

Alle Waldtiere legen emsig einen Wintervorrat an. Auch der kleine Waschbär macht sich auf Futtersuche. Da entdeckt er die verzweifelte Maus, die von den anderen Tieren immer wieder verjagt wird. Der kleine Waschbär hilft gerne und zeigt, wie schön es ist, wenn Freunde teilen. Ab 2 Jahren.

Pappbilderbuch · 23,2 x 25,4 cm
20 farbige Seiten
Illustriert von Jana Walczyk
ISBN 978-3-96340-129-9
€ [D] 15,– · € [A] 15,50

Mit ihren Geschwistern lauscht die kleine Maus Nescha gespannt, was da Aufregendes im Hause Noah geschieht: Um sich, seine Familie und die Tiere vor einer großen Flut in Sicherheit zu bringen, soll Noah ein riesiges Holzboot bauen – und tut, was Gott ihm sagt … Ab 5 Jahren.

Hardcover · 22 x 25 cm
32 farbige Seiten
Illustriert von Stefanie Scharnberg
ISBN 978-3-96340-126-8
€ [D] 15,– · € [A] 15,50

Rita Süssmuth fordert: Mensch bleiben!

Ihre Politik steht für Menschlichkeit und Achtung, für Haltung, Würde und Mut. Mit diesen Werten hat Rita Süssmuth als Ministerin unmenschliche Entscheidungen verhindert, sich mit den Mächtigen angelegt, Engstirnigkeit und Vorurteile entlarvt. Das neue Buch der beliebten CDU-Politikerin ist ein Aufruf an nachfolgende Generationen, ihr Schicksal nicht Blendern, Machtversessenen und Zynikern zu überlassen – sondern für die Freiheit und die Demokratie einzustehen.

Rita Süssmuth
Überlasst die Welt nicht den Wahnsinnigen
Hardcover · 112 Seiten
ISBN 978-3-96340-136-7
€ [D] 12,– · € [A] 12,40

Für Besonnenheit in Zeiten der Krise

»Besonnenheit bedeutet, auch in angespannten Situationen – wenn alte Gewissheiten weggebrochen sind – angemessen und in Ruhe zu reagieren. Wahrzunehmen, was zu tun ist, und sich dabei nicht von den eigenen Ängsten beherrschen zu lassen. Wenn wir das beherzigen, gewinnen wir inneren Frieden, davon bin ich zutiefst überzeugt. Und wir dürfen nach vorn schauen auf das, was nach der Zeit der Krise kommt.« Margot Käßmann

Margot Käßmann
Nur Mut! Die Kraft der Besonnenheit in Zeiten der Krise
Hardcover · 128 Seiten
ISBN 978-3-96340-167-1
€ [D] 12,– · € [A] 12,40

Auch erhältlich:
Freundschaft, die uns im Leben trägt
ISBN 978-3-96340-013-1
€ [D] 18,99 · € [A] 19,60

blicken. Die Strategie, »Ich tu so, als sei mein Mann gar nicht tot, sondern nur auf Geschäftsreise«, kann den Schmerz und die Sehnsucht nach dem Verstorbenen für einen kurzen Moment lindern. Aber der Trauerprozess kann erst in Gang kommen, wenn die Tatsachen anerkannt werden.

Das Begreifen der Folgen des Verlustes
Zur Trauerarbeit gehört es auch, die Dimension des Verlustes und seine Folgen zu begreifen; zu verstehen, wie sehr sich das eigene Leben nun ändern wird. Das geschieht nicht in einem einzigen Moment, sondern nach und nach, im Alltag, in all den Situationen, die jetzt nicht mehr so sind wie vorher:

Der Platz am Tisch ist leer.

Es gibt niemanden, mit dem man nach der Feier nach Hause gehen kann.

Fragen kommen auf: Mit wem fährt man in den Urlaub, wer mäht den Rasen?

Beim Blumenwerbeplakat zum Muttertag begreift man plötzlich, dass man seiner Mutter keine Blumen mehr schenken kann.

Als die Freunde um einen herum Großeltern werden, wird einem klar, dass man selbst niemals Enkelkinder haben wird.

Immer dann, wenn wir die Reichweite des Verlustes neu begreifen, kann das Traurigkeit auslösen. Dieser Berg aus Trauer, wie ich es anfangs beschrieben habe, muss Stück für Stück abgetragen werden. Das Gute dabei ist: Nach und nach übt man sich im Trauern. Die Traurigkeit überrascht uns mit der Zeit nicht mehr, wird vertraut. Man weiß, wer oder was helfen kann – und auch, dass der Verlustschmerz wieder vergehen wird.

Manchmal möchte man aber überhaupt nicht begreifen (und damit akzeptieren), was man verloren hat. Der Hinterbliebene ahnt, wie sehr es ihn schmerzen wird. Situationen aus dem Weg zu gehen, die die Trauer auslösen können, ist jedoch keine Lösung. Früher oder später holt der Schmerz uns ein. Muten Sie es sich zu, so wie Ihre Kraft reicht: Besuchen Sie den Sterbenden, nehmen

Sie an der Beerdigung teil, und gehen Sie auch an Orte, von denen Sie jetzt schon wissen, dass sie Trauer bei Ihnen auslösen werden.

Das Zulassen der Trauergefühle
Ein Verlust löst viele verschiedene Gefühle und Reaktionen aus. Lassen Sie die Vielfalt der Trauergefühle zu – und damit meine ich mehr als weinen. Trauer hat viele Gesichter: Sehnsucht, Leere, Schuldgefühle, Gefühllosigkeit, Wut, Angst, Einsamkeit, Erstarrung, Sinnlosigkeitsempfinden, Appetitlosigkeit, Konzentrationsstörungen, Sinnestäuschungen, Überempfindlichkeiten, Lustlosigkeit, Wortfindungsstörungen, Vergesslichkeit, Kopf- und Gliederschmerzen.

Es ist wichtig zu verstehen, dass all diese Empfindungen eine Funktion haben und wir sie nicht ständig verdrängen dürfen. Sorgen Sie dafür, dass Ihre Emotionen ausreichend Möglichkeiten finden, sich auszudrücken. Sonst stehen Sie bald wie ein Dampfkessel unter Druck und explodieren irgendwann. Denken Sie an die Redewendung »Das Herz ausschütten«: Wenn Sie Ihre Tränen laufen lassen, Wut abbauen, über Ängste reden u. s. w., schaffen Sie wieder neuen Platz im Herzen. Den brauchen Sie: für neue Traurigkeiten, aber auch für schöne und glückliche Momente.

In der Zeit der Trauer gilt es, sich darin zu üben, den Schmerz Stück für Stück zuzulassen – und gleichzeitig zu schauen, was ihn lindern kann. Eine Tasse Tee, Schlaf, ein Gebet, ein Spaziergang, ein Gespräch?

Ich nenne das gerne »sich eine emotionale Muskulatur zulegen«. Wenn wir sie trainieren, lässt sie uns nach und nach immer etwas mehr aushalten. Den Schmerz nicht zuzulassen hingegen macht krank. Auch Vermeidungsstrategien sind wenig hilfreich: Medikamente, Cannabis, Alkohol, extremer Sport, obsessives Spielen am Computer oder in der Spielbank betäuben den Verlustschmerz kurzfristig, nehmen können sie ihn nicht.

Die Anpassung an die veränderten Lebensumstände
Damit unser Leben nach der Trauer weitergehen kann, ist es notwendig, die veränderte Lebenssituation zu akzeptieren und das Bestmögliche aus ihr zu machen. Plan A, mit dem Partner alt werden, funktioniert nun nicht mehr. Deshalb benötigt man Plan B, und vielleicht auch noch einen Plan C oder D.

Menschen, die schon in früheren Krisensituationen gelernt haben, nach kreativen Lösungswegen zu suchen, sind hier denen gegenüber im Vorteil, die erstmalig einen Verlust verarbeiten müssen.

W. J. Worden benennt drei bedeutsame Bereiche, die sich nach dem Verlust eines nahestehenden Menschen verändern:

1. **Die Umwelt und der Alltag** werden vom Verlust beeinflusst. Beispiele dafür können das Wegbrechen – manchmal auch der Gewinn – von Freundschaften sein, ebenso Veränderungen des Bekanntenkreises, finanzielle Einbußen, Veränderung des Wohnorts, eine verkürzte oder verlängerte Arbeitszeit, ein Dazugewinn von Freiheit, neue Hobbys u. Ä.

2. **Die persönliche Veränderung** beschreibt den Umstand, dass nach einem schweren Verlust kein Mensch der Alte bleibt. Durch das Erleben vielfältiger neuer Gefühle, neuer Verantwortungen und unbekannter Situationen verändert sich die Selbstwahrnehmung. Dazu gehört ...
- unser Selbstwertgefühl: »Was bin ich ohne den anderen wert?«;
- das Selbstbewusstsein: »Nehme ich die Veränderung an, und mache ich mich neu auf den Weg?«;
- die Selbstwirksamkeit: »Bin ich dem Verlust willkürlich ausgeliefert, oder kann ich die Zukunft mitgestalten? Bin ich in der Lage, mir notfalls auch Hilfe zu holen?«.

3. In Trauerzeiten sind auch **spirituelle Anpassungsleistungen** gefragt. Die meisten Menschen fragen und suchen nach einem Sinn des Verlustes und des jetzt veränderten Lebens. Sie überprüfen, hinterfragen, bestärken oder verabschieden ihre Glaubens- und Wertvorstellungen.

Antworten auf Sinn- und Warum-Fragen sollten durch die Trauernden selbst gefunden werden. Rationale Antworten von außen sind wenig hilfreich. Sinn- und Warum-Fragen sollten vom Umfeld ausgehalten und offen diskutiert werden. Die sich daraus ergebenden Gespräche sind für alle Beteiligten eine Chance, über das eigene Leben nachzudenken.

Häufig erleben Betroffene Umbruchsituationen, als ob sie von einem Leben in ein anderes hineingeschubst wurden. »Es blieb mir ja gar nichts anderes übrig, als die neue Situation anzunehmen und das Beste daraus zu machen«, ist eine häufig getätigte Aussage.

Menschen aus dem Umfeld können dem Trauernden die Last nicht abnehmen, aber sie können ihm Hilfestellungen anbieten: neue Wege aufzeigen, eine Hand reichen, Kontakte zu Trauergruppen schaffen – in der Regel sind Hinterbliebene dankbar dafür. Wichtig ist, dass diese selbst entscheiden dürfen, ob sie die Hilfe annehmen wollen oder nicht. Sich auf den Weg machen, müssen Trauernde ohnehin selbst.

Das Zuweisen eines (Beziehungs-)Orts und das Gestalten der Erinnerung
Hier ist nicht allein das Einrichten einer Grabstelle oder eines Gedächtnisorts gemeint, sondern es geht darum, dem Verstorbenen einen Ort in der Erinnerung zuzuweisen, an dem man zu ihm in Verbindung treten kann, wenn man es möchte. Einige Trauernde stellen sich den Toten in der Gemeinschaft mit anderen Verstorbenen vor; andere glauben, dass er im Himmel bei Gott ist, wiedergeboren wird oder als Energie spürbar ist; wieder andere tragen den Toten einfach »im Herzen«.

Wenn der Trauernde aus persönlichen Gründen in keinem Kontakt zum Verstorbenen mehr stehen möchte und dieser für ihn bleiben kann, »wo der Pfeffer wächst«, ist das sein gutes Recht; dann darf er eine sichere Distanz schaffen.

Das LAVIA-Trauermodell nach Mechthild Schroeter-Rupieper

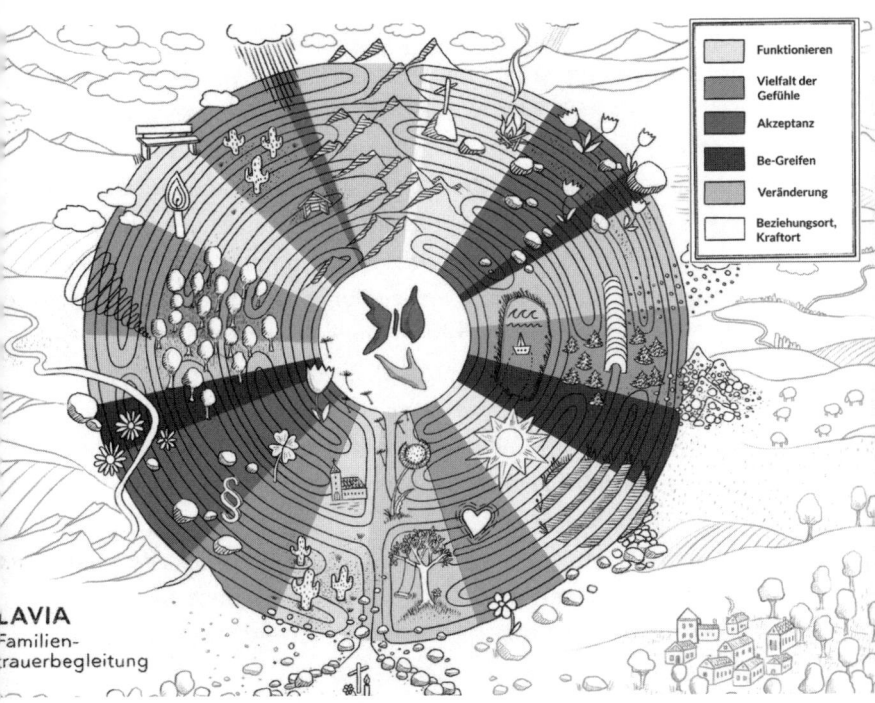

In meiner Familien-Trauerarbeit hat sich das LAVIA-Trauermodell bewährt.

La Via kommt aus dem Spanischen und heißt übersetzt »der Weg«. Aus einer Landschaft, einem Labyrinth und – in Anlehnung an das Modell von W. J. Worden – den oben beschriebenen Traueraufgaben habe ich einen Ansatz entwickelt, der in der Bildvorlage zu sehen ist. Das LAVIA-Modell wird in Seminaren, Trauergruppen und Einzelgesprächen als Erklärmodell genutzt. Es ist für Kinder und Jugendliche ebenso einsetzbar wie für Erwachsene, für Laien ebenso wie für Fachleute.

Das Modell umfasst drei verschiedene Ebenen. Es kann sowohl als Bild für den Trauerprozess, aber auch als Bild für den gesamten Lebensweg betrachtet werden.

1. Ebene: Die verschiedenen Landschaftstypen
Die unterste Ebene der Abbildung zeigt verschiedene Symbole und Landschaftstypen: Wüste, Geröll, Gebirge, See, Wald und mehr. Die verschiedenen Landschaften beschreiben, wie der Trauernde die unterschiedlichen Abschnitte seiner Trauerarbeit empfindet: An manchen Tagen kommt es ihm vor, als bewege er sich durch eine Wüste mit sengender Hitze, durch die er sich nur langsam und Schritt für Schritt schleppen kann, immer mit dem Gefühl, kein Stück vorwärtszukommen, weil die Landschaft immer noch so aussieht wie vorher.

Dann kommt er in einen Wald. Es ist kühl, das Gehen macht weniger Mühe, aber immer wieder stolpert er über Wurzeln. Auch die Angst spielt vielleicht eine größere Rolle, ist es doch auch manchmal dunkel und schattig.

Symbole wie das Paragrafenzeichen deuten mögliche Schuldfragen oder -zuweisungen an. Tunnel, erfrischende Seen, Steine im Weg oder eine Schaukel, die für beschwingte Leichtigkeit stehen kann – es gibt viele Zeichen zu deuten. Dann kommt der Trauernde an eine Oase, eine Schutzhütte oder eine Bank am Rande des Weges. Hier kann er sich erholen, ein Feuer zum Wärmen anzünden, Kraft tanken, Hoffnung schöpfen. Er beginnt zu ahnen, wie es nach der Trauer wieder werden kann, und erlaubt sich, Pläne zu machen und nach vorne zu schauen.

Jede der verschiedenen Landschaften beschreibt unterschiedliche Abschnitte der Trauerarbeit. Sie können sich in immer neuen Dimensionen zeigen. Die Landschaften und Symbole auf Ihrem Trauerweg können ganz anders aussehen, Sie dürfen diesen Vorschlag aber als Beispiel ansehen und mit Ihren eigenen Bildern füllen. Niemand kann wissen, wie lange er sich in welcher Landschaft aufhält. Es gibt Höhen, Tiefen, anstrengende und weniger anstrengende Abschnitte.

In anstrengenden Wüsten- oder Bergauf-Phasen ist es wichtig, eine gute Kondition zu haben. Sprich: Trauererfahrung mitzubringen, den – oben angesprochenen – Trauermuskel schon etwas trainiert zu haben. Das macht das Durchhalten leichter.

Wie sieht Ihr Trauerweg aus? Welche Landschaften haben Sie bereits durchschritten? Wo stehen Sie gerade? Überlegen Sie sich, wie Sie Ihre persönliche Trauerlandschaft gestalten würden.

Wichtig ist zu wissen, dass jeder Schritt – und ist er auch noch so mühsam und schwierig – Sie dem Ziel ein Stück näherbringt. Um diesen Gedanken geht es auf der nächsten Ebene.

2. Ebene: Das Labyrinth
Die zweite Ebene des Schaubildes zeigt ein Labyrinth. Das Labyrinth wird schon seit Urzeiten als spirituelles Bild für menschliche Lebenswege genutzt. In der Mitte ist das Ziel zu sehen: das Ende des Trauerprozesses – oder auch das Ende unseres Lebensweges, wenn wir das Labyrinth als Bild für diesen betrachten. Die Fähigkeit zur Trauer ist nie völlig weg, aber vielleicht zwischenzeitlich ungenutzt, weil nicht benötigt. Sie ist ein Gefühl, das wir, wenn es »Not-wendig« ist, aktivieren können. Wie bereits beschrieben, kann sich Trauer in Dankbarkeit verwandeln. Am Ende eines Trauerprozesses bleibt eine Narbe zurück, die uns unser Leben lang begleiten kann und darf. Meist spüren wir sie nicht, dann – etwa an Gedenktagen – ist sie wieder etwas empfindlich. Aber die Trauer hemmt uns nicht mehr, hindert uns nicht mehr, unser Leben zu gestalten und nach vorne zu blicken. Im Vordergrund stehen nun

nicht mehr Traurigkeit und Schmerz, sondern Dankbarkeit und Liebe für den Verstorbenen.

Wenn Sie mit dem Finger den Linien im Labyrinth folgen, werden Sie feststellen, dass Sie sich immer auf das Ziel zubewegen. Selbst dann, wenn der Weg sich zwischenzeitlich wieder von der Mitte entfernt. Oft geschieht es, dass wir in der Trauer einen scheinbaren Rückfall erleben – plötzlich steht die Traurigkeit wieder sehr viel stärker im Vordergrund, müssen wir häufiger weinen, ziehen uns wieder mehr zurück. Aber solche Abschnitte sind kein Schritt zurück, sondern einfach Teil des Weges. Es ist dann wichtig zu wissen, dass wir uns trotzdem auf das Ziel zubewegen.

Ein Labyrinth ist kein Irrweg. Wenn wir nicht stehen bleiben, sondern uns beständig fortbewegen, kommen wir irgendwann ans Ziel. Vielleicht sind Sie diesem schon viel näher, als Sie denken?

3. Ebene: Die Farben der Trauer

Die dritte Ebene besteht aus sechs verschiedenen Farben, die sich in Form von Tortenstücken über das Bild legen. Sie beschreiben die unterschiedlichen Traueraufgaben, die ich, angelehnt an William J. Worden, oben beschrieben habe – ergänzt um die Aufgabe des Funktionieren-Müssens.

Das LAVIA-Modell verdeutlicht, dass jede Trauer unterschiedlich und individuell ist. Zudem wird sie von jedem unterschiedlich erlebt: Den einen strengen die kurvenreichen Strecken an, die andere kommt eher bei Steigungen an ihre Belastungsgrenzen. Ein Dritter geht selbst schwierige Abschnitte lockeren Schrittes, weil er schon zuvor große Krisen bewältigt hat und seine Trauermuskulatur stärker trainiert ist.

Es ist wichtig, um die Vielfalt von Trauer zu wissen, damit wir Menschen, die eine Trauerphase durchmachen, nicht in eine Schublade stecken und meinen zu wissen, wo diese gerade stehen oder stehen sollten. Jeder Mensch erlebt Verlust und Trauer anders.

Eine 60-jährige Frau besucht mich im Frühjahr im LA-VIA-Haus. Ihr Sohn ist zwei Jahre zuvor in den Bergen verunglückt. »Eigentlich ging es mir bereits ganz gut. Ich hatte sogar angefangen, die schönen Momente des Lebens wieder zu genießen«, berichtet sie mir enttäuscht. »Aber seit Weihnachten ist alles wieder so schwer. Ich glaube, ich bin in meiner Trauer total zurückgefallen. Es fühlt sich an, als würde ich wieder ganz am Anfang stehen.«

»Ist etwas passiert?«, frage ich vorsichtig zurück.

»Ach ... meine Schwester hatte meinen Mann und mich eingeladen, Heiligabend mit ihr und ihren Kindern und Enkelkindern zu verbringen. Es war auch wirklich schön, aber trotzdem konnte ich die Zeit dort nicht genießen. Ich weiß auch nicht, warum. Vielleicht, weil wir früher Weihnachten immer mit unserem Sohn zu Hause gefeiert haben? Die Enkelkinder meiner Schwester sind wirklich nett, aber sie waren mir zu laut, zu anstrengend. Wir sind dann direkt nach der Bescherung nach Hause gegangen. Und seitdem ist der Schmerz wieder so stark wie zu Beginn. Meine Freundin meint, ich solle es mal mit Tabletten versuchen. Es sei doch nicht normal, dass es immer noch so wehtut.«

Aus der Küchenschublade hole ich das Trauermodell heraus und lege es auf den Tisch. Ich folge mit dem Finger dem Weg durch das Labyrinth. Anfangs verläuft er auf das Ziel zu. Ich erzähle der Frau, dass Trauernde in der Zeit direkt nach dem Tod oft selbst überrascht sind, wie gut sie funktionieren.

»Ja, sie sind traurig, aber dennoch können sie alles Notwendige in die Wege leiten und sich um die Trauerfeier oder den Nachlass kümmern. Manche wähnen sich dann schon beinahe am Ziel. Doch zurück im Alltag begreifen sie erst die Dimension des Verlustes. Nichts ist mehr so wie vorher, und es wird nie wieder so sein. Immer wenn ihnen das aufs Neue klar wird, in jeder banalen Situation, die jetzt anders ist, brandet der Schmerz in voller Stärke wieder auf. Manchmal fühlt sich schon der Weg an der Zimmertür des Verstorbenen vorbei so an, als würde es einem das Herz zerreißen. Erst wenn die Leere des Zimmers ausreichend beweint wurde, verändert sich der Raum, fühlen wir uns dem Verstorbenen dort liebevoll nahe. Durch die Trauer beginnt die Wunde zu heilen.«

Jetzt fahre ich mit dem Finger wieder etwas näher hin zur Mitte.

»Und dann, wenn sie meinen, dass sie endlich dem Ziel näherkommen, kommt ein neuer Schmerz. So wie bei Ihnen.« Vorsichtig schaue ich sie an. »Vielleicht hat Ihnen der Besuch bei Ihrer Schwester deutlich gemacht, dass Sie selbst nie Oma sein werden?«

Die Frau schluckt, und ihr schießen die Tränen in die Augen. »Genau so ist es«, sagt sie und nickt. »Aber das wird mir jetzt gerade erst klar.« Sie greift nach einem Taschentuch.

»Wenn wir jetzt wieder auf das Labyrinth schauen«, fahre ich fort, »dann sehen wir, dass Sie trotz des neuen Schmerzes dem Ziel nähergekommen sind. Sie sind weiter als zuvor – auch wegen dieses Weihnachtserlebnisses.«

Wieder nickt die Frau.

»Solche Erlebnisse wie Weihnachten sind Momente«, fahre ich fort, »durch die Sie tatsächlich durchmüssen. Diese Erfahrungen kann Ihnen leider niemand abnehmen. Wenn ich sage, da müssen Sie durch, dann meine ich aber nicht auf Biegen und Brechen. Wir können gemeinsam überlegen, was Ihnen hilft, den Schmerz erträglicher zu machen.«

Wieder schauen wir auf das Trauermodell. Nun kommt auch die Landschaft ins Spiel: »Wenn Sie überlegen, wie sich der aktuelle Abschnitt anfühlt, dann würden Sie vielleicht einen See beschreiben, der sich vor Ihnen ausbreitet und Ihnen den Weg versperrt, der das Weitergehen blockiert. Für den Sie erst mal ein Boot beschaffen müssen, um ihn zu überqueren. Verstehen Sie, was ich meine?«

Und so sitzen wir vor dem Modell und sprechen über Wegstrecken, über erreichte Ziele und Abschnitte, die vielleicht noch gegangen werden müssen.

Wie erkenne ich, ob meine Trauer noch normal ist?
Grundsätzlich kann man Trauerprozesse in verschiedene Kategorien einordnen.

Normale Trauer
Als normale Trauer bezeichne ich Trauer, die das Leben nicht langfristig beeinträchtigt. Dennoch kann sie Monate dauern und auch eine bleibende Resttrauer mit sich bringen. Resttrauer meint, dass man zu bestimmten Zeiten – etwa dem Todestag – immer mal wieder trauert. Diese Trauer ist dann aber zeitlich beschränkt und ohne die schmerzhafte emotionale Intensität, die man anfangs empfindet. Dabei dürfen bzw. sollten wir uns stets bewusst machen, dass Trauergefühle gesunde Gefühle sind, die viel mit Liebe zu tun haben. Der Verlust wird durch den Trauerprozess bewältigt, sodass der Betroffene sein Leben ohne langfristige Einschränkungen weiterleben kann.

Wichtige und hilfreiche Faktoren dafür, dass eine Trauer eine normale Trauer bleibt, sind folgende:
- dass der Trauernde über ein funktionierendes soziales Netz verfügt;
- dass er gelernt hat, wie ein gesunder Trauerprozess aussehen kann;
- dass er Bewältigungsstrategien für Krisen kennt und
- dass er den Veränderungsprozess, der mit dem Verlust einhergeht, aktiv gestalten kann.

Normale Trauer nimmt im Laufe der Zeit auch ohne professionelle Begleitung ab, der Verlust und seine Folgen werden ins Leben integriert. Jedoch kann man auch hier vom konstruktiven Austausch mit Verwandten, Freunden oder in Trauergruppen profitieren.

Erschwerte Trauer
Von erschwerter Trauer spreche ich, wenn der Betroffene sich nicht oder nur unter größten Anstrengungen in der Lage sieht,

den erlittenen Verlust zu bewältigen. Im Gegensatz zur normalen Trauer begreift er das Ausmaß des Verlustes erst, wenn er im Alltag erlebt, welche Lücken der Tod hinterlassen hat.

»Dass es so schlimm sein wird, hätte ich anfangs nicht gedacht«, sagen manche Trauernde einige Wochen oder Monate nach dem Verlust. In besonders schweren Momenten kommt das Gefühl auf, den Schmerz nicht kontrollieren zu können, ihm ausgeliefert zu sein. Das kann zu schweren Folgereaktionen führen: Verlust- und Zukunftsängste stellen sich ein, die Selbstsicherheit leidet, und der Sinn des Lebens wird infrage gestellt. Auch ein Vermeidungsverhalten kann sich einstellen: Aus Angst vor dem Schmerz wird alles gemieden, was diesen auslösen könnte – von Erinnerungsstücken bis hin zu gemeinsamen Bekannten. Dieses Vermeidungsverhalten verhindert, dass der Trauernde sich mit dem Verlust auseinandersetzt und so in der Trauer voranschreiten kann. Dann braucht es Mutmacher, Menschen, die ihm dabei helfen, sich der Traurigkeit zu stellen.

Es kommt vor, dass solchermaßen Trauernden von ihrem sozialen Umfeld eingeredet wird, das Ausmaß der Trauer sei nicht mehr gesund, und es handele sich um eine Depression oder eine vergleichbare Störung. Häufig führt das zu einer zusätzlichen Verunsicherung. Tatsächlich überschneiden sich einige Trauerreaktionen mit den Symptomen einer Depression, etwa sozialer Rückzug oder Schlafstörungen. Es gibt aber auch bedeutsame Unterschiede. So fühlen sich Depressive oft wertlos. In ihrer Schwermut können sie schöne Momente nicht genießen, was Trauernden – wenigstens manchmal – möglich ist. Zudem nehmen die Gefühle der Traurigkeit und deren Intensität mit der Zeit nicht ab. Manche Depressive berichten auch von einem bestehenden Zustand des Nicht-Fühlens, so als wären sie innerlich tot. Es ist mir wichtig zu betonen, dass bei einem bedeutsamen Verlust auch bedeutsame und lang anhaltende Trauerreaktionen zu erwarten sind. Eine erschwerte Trauer ist etwas Normales und keineswegs krankhaft.

Hinterbliebene wissen meist selbst am besten, ob das Ausmaß ihrer Trauer noch »normal« ist. Sie sollten sich nicht von ihrem sozialen Umfeld verunsichern lassen, wenn dieses erwartet, dass die Trauerreaktionen nach kurzer Zeit wieder verschwinden.

Dennoch kann es sein, dass der Hinterbliebene Hilfe benötigt, weil die Folgen für ihn alleine nur schwer auszuhalten sind. Dann sind Gespräche mit Trauerbegleiterinnen und in angeleiteten Trauergruppen hilfreich. Hier können gemeinsam Strategien entwickelt werden, die den Verlustschmerz erträglicher gestalten. Erkundigen Sie sich in Hospizen nach Trauerbegleitung, die sich auf bestimmte Umstände – etwa Trauer nach Verlust des Partners oder eines Kindes – spezialisiert hat.

Therapien oder Medikamente sind hier in der Regel nicht notwendig.

Eine erschwerte Trauer tritt in der Regel bei Verlusten auf, die von besonderen Umständen begleitet werden. Ich habe eine Liste mit Fragen zusammengestellt, die nach diesen besonderen Umständen suchen. Falls Sie eine oder mehrere der Fragen mit Ja beantworten, überlegen Sie, ob eine Trauerbegleitung oder eine angeleitete Trauergruppe sinnvoll sein könnte:

- Handelt es sich bei dem Verstorbenen um einen Geschwisterteil oder die beste Freundin/den besten Freund, und ist die Person jung verstorben?
- Handelt es sich bei der oder dem Trauernden um ein Kind, das eine nahe Bezugsperson verloren hat?
- Handelt es sich bei dem Verstorbenen um das eigene Kind?
- Handelt es sich um eine junge Familie, die den Vater oder die Mutter verloren hat?
- War die Beziehung zum Verstorbenen konfliktreich? Gab es zum Zeitpunkt des Todes ungelöste Streitigkeiten?
- War die verstorbene Person eine wichtige Stütze für Sie?

- Ist der Verstorbene durch äußerliche Gewalteinflüsse, Suizid oder eine öffentliche Katastrophe ums Leben gekommen?
- Ist die Todesursache eine besonders stigmatisierte, wie z. B. Aids oder Drogenmissbrauch?
- War der Verstorbene ein heimlicher Liebespartner?
- Haben Sie Schuldgefühle, weil Sie meinen, Sie hätten den Tod verhindern können?
- Befinden Sie sich in einem beruflichen Umfeld, in dem Trauer als Schwäche gilt?
- Gibt es weitere starke Belastungsfaktoren wie Hausbau, Arbeitslosigkeit, Erziehungsschwierigkeiten, Geldsorgen, Krankheit etc.?
- Mussten Sie mehrere aufeinanderfolgende Todesfälle in kurzen Abständen verarbeiten?

Ebenfalls hilfreich kann eine Trauerbegleitung sein, wenn der Hinterbliebene eine kognitive Einschränkung hat, unter einer Demenz, einer psychischen Erkrankung oder einer Suchterkrankung leidet. Hierbei ist es wichtig, dass die Trauerbegleitung in diesen Bereichen kompetent ist. Kinder, Jugendliche und Menschen mit Beeinträchtigungen benötigen manchmal vertraute Bezugspersonen, um den Weg in die Trauerbegleitung zu finden.

Trauerarbeit hat nur Erfolg, wenn sie freiwillig angenommen wird. Der Betroffene kann dort zwar gute Impulse erhalten, die Trauerarbeit muss er jedoch selbst leisten.

Komplizierte Trauer
Wenn die Trauer anhaltend schmerzhaft ist, das Gefühl der Verzweiflung und eine unstillbare Sehnsucht nach dem Verstorbenen auch nach Monaten oder sogar einem Jahr unverändert sind, sprechen Fachleute von einer komplizierten Trauer. Die komplizierte Trauer verursacht nicht nur psychischen, sondern oft auch körperlichen Schmerz. Sie beeinträchtigt den Alltag stark und verhindert

einen normalen Tagesablauf. In solchen Fällen kommt die Trauerbegleitung an ihre Grenze, und eine psychotherapeutische Unterstützung muss hinzugezogen werden.

Zurzeit ist Trauer keine Krankheitsdiagnose. Sollte sie es in den kommenden Jahren werden, besteht die Gefahr, dass viele Formen der Trauer, die nicht bestimmten Normen entsprechen, als krank beschrieben werden könnten. Wir müssen immerzu bedenken, ob starke Trauer nicht einfach einem großen Verlust angemessen ist. Eine vorschnelle Etikettierung als »krank« ist dann wenig hilfreich.

Wenn Sie in einem solchen Fall als Betroffene oder Betroffener eine therapeutische Praxis aufsuchen, achten Sie darauf, dass die Therapeuten speziell in der Trauerarbeit geschult sind.

Martinas Mann ist überraschend verstorben. Jetzt macht sie sich Sorgen, durch die Trauer wieder in eine Depression zu geraten. Es wäre nicht das erste Mal. Jahrelang hat sie unter Depressionen gelitten, hat mehrere Psychiatrieaufenthalte hinter sich und Medikamente genommen. Erst als die Ursache der Depression, ein Erlebnis in der Kindheit, entdeckt wurde und Martina diese mithilfe einer Therapie verarbeiten konnte, endeten die Depressionen.

Im Gespräch versuche ich Martina zu beruhigen, dass sie erst mal keine Angst vor einer erneuten Depression haben müsse, schließlich setze sie sich aktiv mit ihrem Verlust auseinander und lasse die traurigen Gefühle zu.

Sie wirkt erleichtert: »Ich denke, Sie haben recht. Und wissen Sie: Die Gefühle in der Traurigkeit sind anders als die der Depression.«

Als ich sie frage, ob sie mir den Unterschied erklären könne, lässt sie mir einige Tage später einen Text zukommen:

»Die gedrückte Stimmung nach dem Tod meines Mannes fühlte sich zunächst ähnlich an wie eine Depression. Aber dann habe ich doch Unterschiede entdeckt, Dinge, die ich in der Depression erlebte, aber nicht in der Trauer:

- das schlimme Grübeln, ohne jemals ans Ziel zu kommen;
- die große Unsicherheit, die alle Lebensbereiche umfasst;
- die Unfähigkeit, Entscheidungen zu treffen;
- der Drang, mich zu verstecken, die Tür nicht zu öffnen und nicht ans Telefon zu gehen;
- an nichts mehr Interesse zu haben;
- die Unfähigkeit, Freude und schöne Ereignisse wahrzunehmen;
- die tiefe Verzweiflung, die mir keine Hoffnung für Zukunft lässt;
- Todessehnsucht;
- Ärger darüber, dass andere lachen, sich freuen, dass die Sonne scheint oder der Himmel blau ist;
- Vernachlässigung meines Körpers, etwa wenn es um Hygiene oder Kleidung geht.

Die Gefühle der Trauer kann ich bejahen, die der Depression nicht.

In der Trauer kann ich weinen, aber auch wieder damit aufhören. In der Depression nicht.

In der Trauer bin ich manchmal verzweifelt, aber ich möchte weiterleben. In der Depression nicht.«

Kapitel 10

MÄNNERTRAUER

»Ein Indianer kennt keinen Schmerz.« Kennen Sie dieses alte Sprichwort noch? Vielleicht haben Sie es selbst auch schon einmal anerkennend verwendet, ohne sich weiter Gedanken darum zu machen. Indianer würden sich sicher wundern, wenn sie diesen Spruch hören. Die deutsche Redewendung – im Rest der Welt ist sie eher unbekannt – geht wahrscheinlich auf Karl Mays *Der Schatz im Silbersee* zurück. Dort heißt es: »Ein Indianer wird von frühester Kindheit an in dem Ertragen körperlicher Schmerzen geübt. Er gelangt dadurch so weit, dass er die größten Qualen ertragen kann, ohne mit der Wimper zu zucken.« Solche »Tapferkeits«-Haltungen fanden bei den Männern im Deutschland um 1900 – der Zeit, als die Geschichte erschien – große Zustimmung. Das war kein Zufall: Preußische Tugenden wie Selbstverleugnung (sprich: keine »wehleidigen« Gefühle zeigen), Gehorsam, Selbstdisziplin und Härte, vor allem gegen sich selbst, galten als erstrebenswert.

Bis heute sind diese Werte präsent. Die Generation, die am Zweiten Weltkrieg teilgenommen hat, hat ihre traumatischen Erfahrungen nur selten aufgearbeitet. Es war ein verbreitetes Phänomen unter Kriegsteilnehmern, nicht über das Erlebte, auch nicht über ihre Prägungen, zu sprechen. Das führte dazu, dass sie diese Haltungen nie wirklich aufgearbeitet und abgelegt, sondern unbewusst an die nächsten Generationen weitergegeben haben. Sie haben nicht gelernt, Verlustschmerz zu empfinden, über das Verlorene zu trauern und dadurch heil zu werden.

In einer Kriegssituation kann (kurzfristiges) Verdrängen überlebensnotwendig sein. Nicht aber in Friedenszeiten, schon gar nicht, wenn diese so lange anhalten wie bei uns. Hier sind solche Strategien schlichtweg sinnlos und destruktiv.

Wie lauten aus dieser Zeit tradierte Glaubenssätze?

Männer weinen nicht!

Schmerz zu zeigen, ist etwas für Frauen!

Gefühle zeigt Mann nicht!

Diese Aussagen haben bis heute Gültigkeit. In Schulklassen frage ich häufig: »Wer von euch hat seinen Vater schon einmal weinen sehen?« Besuchen 24 Schüler und Schülerinnen die Klasse, haben im Durchschnitt nur 4 Schüler ihren eigenen Vater schon einmal weinen gesehen. Frage ich, wie viele ihre Mutter schon einmal weinen gesehen haben, sind es 23.

Männer haben keine Gefühle? Männer verspüren keine Trauer? Nein, das ist nicht wahr. Männer bekommen bislang nur zu wenige Möglichkeiten, ihre Gefühle zu zeigen. Aber auch unterdrückte Gefühle sind Gefühle.

Männer wollen nicht über ihre Gefühle reden? Nein, das glaube ich nicht. In vielen Gesprächen – ob alleine oder in der Gruppe – erlebe ich etwas anderes. Sie denken nur häufig, sie dürften es nicht. Oder sie sind damit alleine.

»Sind Jungen eigentlich weniger traurig als Mädchen, weil sie ja weniger weinen?«, frage ich in einer Kindertrauergruppe. Alle überlegen, und dann meldet sich der siebenjährige Tobias: »Nein, Jungen sind genauso traurig wie Mädchen. Aber sie weinen weniger, weil ... weil, es liegt an der Muskulatur.« Da ich vermute, dass er vielleicht Hormone statt Muskeln meinen könnte, frage ich noch mal nach. Aber Tobias bleibt dabei: »Nein, ich meine Muskeln. Weißt du, Männer haben Bauchmuskeln von hier bis da.« Bei diesen Worten zeigt er mit den Händen von den Schultern bis zur Leistengegend. »Frauen haben ihre Brust dazwischen, deswegen fehlt ihnen da Muskulatur. Und wenn man traurig ist, dann spannt man die Bauchmuskeln an, und bei den Jungs gehen die Tränen dann weg.«

***

Der achtjährige Niklas ist entschlossen, keine Tränen zuzulassen. Immer wenn die Trauer ihn zu überkommen droht, macht er einen Witz oder beginnt eine kleine Schlägerei.

***

Als der Leichenwagen den Körper seines Vaters wegbringt, brennt beim 17-jährigen Simon eine Sicherung durch: Mit einem Backstein zertrümmert er die Frontscheiben mehrerer Autos in seiner Straße. »Ich war nicht traurig, nur sauer«, sagt er später. Ihm ist nicht bewusst, dass Trauer nicht nur Tränen bedeutet.

***

Der Vater des 17-jährigen Lucas war gestorben. Als die Trauer ihn einmal während der Arbeit überkam, mobbten ihn die anderen und erklärten ihn zur »Memme des Betriebs«. Lucas wechselte daraufhin die Ausbildungsstätte. Wie gut, dass er den Weg dort hinausfand, denn diese Mitarbeiter waren keine guten Kollegen.

***

Die Frau von Ralf ist gestorben. Er hat mit seinem siebenjährigen Sohn vereinbart, dass jeder so traurig sein darf, wie er möchte. Und er sagt auch: »Wir beide können zusammen weinen, und wir können zusammen lachen. O. k.? Wir sind doch echte Kerle!«

Männer trauern unterschiedlich
Manchmal frage ich Witwer im Trauerbegleitgespräch, wie sie als Kind zu Hause Trauer erlebt haben. Die meisten können es nicht benennen. Wir sprechen darüber, dass Trauern nicht automatisch bedeutet, vor anderen in Tränen ausbrechen zu müssen. Die Reaktionstypen bei Männern sind sehr unterschiedlich:

Die sensiblen Typen werden in der Trauer emotional, weinen, empfinden Schmerzen, spüren große Sehnsucht nach dem Verstorbenen.

Dann gibt es die praktisch-aktiven Typen. Sie trauern eher still und suchen sich gerne Beschäftigungen, die sie ablenken: die Trauerfeier organisieren, sich um andere Angehörige kümmern, den Nachlass regeln. Sind die organisatorischen Dinge erledigt, gehen sie joggen, hacken Kaminholz oder machen Musik.

Die eher sachlichen Typen wollen lesen, sich im Internet mit ihren Fragen und den Fakten auseinandersetzen.

Bei anderen Typen kann es vorkommen, dass sie sich zurückziehen. Sie tun das nicht aus Gleichgültigkeit, sondern in der Regel, weil sie in ihrer Trauer ungeübt und unsicher sind.

Diese verschiedenen Verhaltensweisen kennen grundsätzlich alle Menschen. Jeder besitzt die Fähigkeit zu fühlen, zu handeln, zu denken oder zu verdrängen. Wir leben sie jedoch nicht zu jeweils gleichen Teilen aus, sondern haben meist einen bestimmten Schwerpunkt.

Wie haben Sie auf das letzte traurige Ereignis in Ihrem Leben reagiert? Es ist gut, die eigenen Reaktionsmuster zu kennen, um sie zu hinterfragen, wenn sie nicht hilfreich sind.

Verwirrende Gefühle
Manche Männer erleben während ihrer Trauer verwirrende Gefühle: Bei einigen löst die Trauer Lust auf Sex aus, aber nicht unbedingt Lust auf die erkrankte Frau. Das verursacht Gewissensbisse, trotzdem können sie ihre Libido nicht einfach ausschalten.

Andere Männer sind sauer auf ihre Frau. Darüber dass sie

schwer erkrankt ist und sie nun mit den Kindern und dem Haushalt alleinlässt. Und gleichzeitig macht dieser Gedanke ihnen ein schlechtes Gewissen. Ihnen ist klar, dass die Frau das nicht mit Absicht gemacht hat. Und doch ist die Empfindung da.

Wieder andere Männer pflegen ihre Frauen über Monate – und wundern sich über ihre große Geduld.

Männer brauchen Vorbilder

In Trauergruppen mit Kindern, Jugendlichen oder Erwachsenen ist es mir ein besonderes Anliegen, Jungen und Männern zu vermitteln, dass sie ihre Gefühle und ihre Trauer zulassen dürfen, ja, sogar müssen, wenn sie den Verlust verarbeiten wollen. Was ihnen meiner Erfahrung nach dabei hilft? Männliche Vorbilder!

Prinz Harry
Häufig erzähle ich daher die Geschichte von Prinz Harry. In einer Pressekonferenz aus dem April 2017 berichtet der damals 32-Jährige, dass er nach dem Tod seiner Mutter Diana fast 20 Jahre lang keine Trauergefühle zugelassen habe, was zu großen Problemen bei ihm führte. Erst mit 28 Jahren war er in der Lage, professionelle Hilfe anzunehmen, und das auch nur, weil sein Bruder, Prinz William, ihn dazu gedrängt hat.

Es passiert häufig, dass vor allem männliche Jugendliche nicht von sich aus in der Lage sind, ihr Problem zu erkennen und sich Hilfe zu suchen. Sie benötigen den Zuspruch von Bezugspersonen, etwa den Eltern oder eben dem Bruder, damit sie den Schritt wagen. Viele Eltern meinen, dem Kind »seine Freiheit« zu lassen, wenn sie davon absehen, ihm dazu zu raten, Hilfe anzunehmen. Doch ich halte die Aussage »Das Kind wird das schon selbst wissen« für gefährlich. In einer seelischen Notlage fehlt einem meist der Blick, und bei jungen Menschen zudem die Erfahrung, um zu wissen, was man gerade wirklich braucht. So zu argumentieren kann heißen, den Jugendlichen alleinzulassen.

Prinz Harry erzählt weiter: »Meine Strategie, damit umzugehen, war es, den Kopf in den Sand zu stecken und nicht an meine Mutter zu denken. Was sollte das schon bringen? [Ich dachte:] Das macht mich doch nur traurig, und zurück bringt es sie auch nicht.«

Auch diese Haltung erlebe ich des Öfteren bei Jungen und Männern. Dann werden sämtliche Fotos entfernt und alle Themen gemieden, die an den Verstorbenen erinnern. Das verlangt eine große Kraftanstrengung, und zwar nicht nur an jedem Muttertag oder Geburtstag, sondern in allen Situationen, in denen der Verstorbene fehlt oder an ihn erinnert wird.

Prinz Harry sagt auch, dass er infolge des nie aufgearbeiteten Verlustes als junger Mann ein totales Chaos erlebt habe. Ihm war klar, dass etwas nicht stimmte, aber er wusste nicht, was es war. Erinnern Sie sich an die Skandale, die der jugendliche Prinz verursachte? Alkoholeskapaden, Nacktbaden, Marihuana, ein Angriff auf einen Reporter ... die Liste ist lang.

Das beobachte ich häufiger: Jungen und männliche Jugendliche, die einen Verlust nicht richtig verarbeitet und keine ausreichende Hilfe bekommen haben, leiden oft unter Spätfolgen. Es ist möglich, dass sie als Männer deshalb anfangen zu trinken, zu kiffen oder ein ausgeprägtes Aggressionsproblem entwickeln. Nicht wenige bekommen Panikattacken und sind als Erwachsene anfälliger für einen Burn-out.

Prinz Harry erzählt, dass sein Schweigen die Situation nur schlimmer gemacht hat. Seit er endlich angefangen habe, sich der Trauer zu stellen und in einer Gruppe über seine Gefühle zu reden, habe er seine Probleme hinter sich lassen können. Und das sei längst nicht so anstrengend, wie ständig gegen die eigenen Empfindungen zu kämpfen.

Wenn ich das Beispiel von Prinz Harry in Kindertrauergruppen verwende, zeige ich den Teilnehmern Bilder aus dem Leben des Royal: zunächst Harry als Baby und Schulkind. Dann ein Foto des Unfallautos seiner Mutter. Die weiteren Bilder zeigen ihn bei der Beerdigung und in der Zeit danach. Harry wirkt immer diszipliniert, nie traurig. Dann sehen die Kinder Bilder von den Eskapaden, von denen der Prinz im Interview erzählt: viele Freundinnen, viele Partys – bis hin zu einem unscharfen Foto, auf dem Prinz Harry mit Freunden alkoholisiert und nackt in einem Schwimmbad zu sehen ist. Dann ein Bild von heute, als gestandener Mann und Familienvater. Eines der letzten Bilder zeigt Prinz Harry beim Boxen, ein Sport, der es ihm ermöglicht, Druck abzubauen.

Einmal rief am Tag nach der Trauergruppe die Mutter eines achtjährigen Kursteilnehmers bei mir an und erzählte, dass ihr Sohn ihr ganz fasziniert die Geschichte vom Prinzen erzählt habe. Wort für Wort. Beendet habe er seinen Bericht mit den Worten: »Weißt du, ich werde wirklich immer in die Kindertrauergruppe gehen, weil ich niemals nackt schwimmen gehen will.«

Wie mutig ist es von dem Prinzen, so deutlich über seine Gefühle zu sprechen?! Unsere Gesellschaft benötigt Vorbilder wie ihn, die junge Menschen ermutigen, zu ihrer Trauer zu stehen, statt sie zu verdrängen.

Aaron ist vier Jahre alt. Seine Mama ist vor wenigen Wochen gestorben. Heute besuche ich ihn zu Hause.

»Und, kommt manchmal die Traurigkeit vorbei, wenn du an Mama denkst?«, frage ich ihn.

»Ja, manchmal«, antwortet er.

Aaron ist ein erstaunlicher kleiner Junge, der sich gut und sehr bedacht ausdrücken kann. Es ist eines der Kinder, die mein Herz zum Hüpfen bringen. Ich möchte mit ihm darüber reden, was ihm hilft, wenn er traurig ist, und frage ihn danach.

»Nix«, antwortet er.

»Nix?«, frage ich. »Weißt du, ich kenne Kinder, die weinen ein bisschen, und dann geht es ihnen besser.«

Er lacht mich an und sagt: »Nein, ich weine nicht. Ich bin ja schon ein großer Junge.«

Verdammt!, denke ich bei mir. Er ist erst vier, und schon hat man ihm eingetrichtert, seine Trauer zu unterdrücken. Wie viele

Leute haben wohl schon zu diesem kleinen mutterlosen Kerl gesagt: »Du weinst ja gar nicht. Du bist aber tapfer!«

»Weißt du, Aaron, ich kenne ganz starke Männer« – dabei spanne ich meinen Bizeps an – »mit solchen Muskeln! Wenn die traurig sind, weil jemand gestorben ist, dann weinen die. Die sind so mutig, die machen das einfach. Ich glaube, wenn du einmal groß bist, dann wirst du auch lernen, traurig zu sein!«

Da schaut er mich ganz ernsthaft an, nickt und sagt: »Ich bin auch schon groß, ich bin auch traurig.«

Und ich lache, weil er so ein wunderbarer, kleiner, ernsthafter und amüsanter Junge ist, der eines Tages sicher mal ein echt gefühlvoller großer Kerl sein wird.

Manuel Neuer
Prinz Harry ist zum Glück nicht das einzige männliche Vorbild, wenn es darum geht, über seine Gefühle zu sprechen. Ein weiteres ist der Nationaltorwart, Weltmeister und ehemalige Schalke-Keeper Manuel Neuer.

Seinem Besuch an diesem Tag haben die Kinder und Jugendlichen in unserem Institut für Familien-Trauerbegleitung schon lange entgegengefiebert. Mitgebracht hat er Thomas Spiegel, den Pressesprecher des FC Schalke 04, und Sebastian Buntkirchen, den damaligen Geschäftsführer der »Manuel Neuer Kids Foundation«.

Manuel Neuer ist nicht gekommen, um über Fußball zu sprechen. Es geht auch nicht darum, »traurige« Kinder damit zu trösten, dass ein bekannter Fußballer sie besucht. Es geht darum, den Kindern Vorbilder zu zeigen, die zu ihren Gefühlen stehen und ihnen vermitteln, dass Trauer nichts ist, das unterdrückt werden muss.

Nach einer Eröffnungsrunde teilen wir die Kinder in Kleingruppen ein und bilden verschiedene Stationen. An jeder sitzt einer der Gäste: Manuel, Thomas oder Sebastian. Die Gruppen gehen reihum, um jedes Mal über ein bestimmtes Thema zu sprechen. Ich selbst bleibe am Tisch bei Manuel sitzen.

Während seines Gesprächs mit den Jugendlichen kommt das Thema Männertrauer auf. Der 18-jährige Dominik erzählt, als Sohn müsse er schneller mit der Trauer um den verstorbenen Vater fertigwerden als seine Mutter oder seine Schwester. Schließlich wolle er ihnen zur Seite stehen. Als Lars und zwei andere Jungen erzählen, dass sie weinen müssen, wenn sie traurig sind, erklärt der Rest der Gruppe, das würden sie nie tun – sie würden lieber versuchen, stark zu sein.

Und dann sind alle verwundert, als Manuel Neuer zugibt, dass er das ganz anders sieht – und dass weinen alles andere als uncool ist. »Ich weiß jetzt schon, dass ich, wenn mein Opa stirbt, der mich immer zum Training gefahren hat, ganz sicher Rotz und Wasser heulen werde. Ich finde, dass es nichts Cooles hat, wenn man das Weinen unterdrückt?!«

Seine Aussage stellt an diesem Nachmittag so manches Weltbild auf den Kopf – und auf die Füße. Wenn ein Weltmeistertorwart, aufrichtig und sympathisch wie Manuel Neuer, so selbstverständlich in der Trauergruppe über seine Gefühle spricht, dann merken die Jugendlichen: Vielleicht ist es wirklich nicht so uncool, Emotionen zu zeigen. An diesem Nachmittag gelingt es dem Torwart, was viele Väter nicht schaffen: den Männertränen die Peinlichkeit zu nehmen. Insbesondere Jungen und Männer, denen man jahrelang eingetrichtert hat: »Männer weinen nicht«, benötigen Vorbilder wie ihn. Ein echter Kerl, der Gefühle zeigen kann, ohne daran kaputtzugehen. Danke dafür, Manuel.

Kapitel 11

TRAUER UND SUIZID

Alle 5 Minuten versucht jemand in Deutschland, sich umzubringen, alle 53 Minuten gelingt ein solches Vorhaben. Jährlich sind es hierzulande mehr als 10 000 Menschen, die auf suizidale Weise ihr Leben beenden. Mehr als durch Verkehrsunfälle, Drogen und Aids zusammen. 70 Prozent der Verstorbenen sind männlich. Zwar versuchen Mädchen und Frauen dreimal häufiger, sich das Leben zu nehmen, jedoch gelingt es ihnen seltener, weil Männer zu härteren Methoden greifen. Bei jungen Leuten zwischen 15 und 29 Jahren ist der Suizid die zweithäufigste Todesursache.

Nicht nur Menschen mit offensichtlichen Problemen begehen Suizid, sondern auch solche, bei denen das niemand geahnt hätte: nach außen erfolgreiche Prominente, Unternehmer oder gläubige Seelsorger.

Die meisten Menschen, die Suizid begehen, sind zwischen 40 und 60 Jahre alt, Alterstendenz steigend. Gründe für die Zunahme im Alter sind Einsamkeit, Armut, Angst vor Heimaufenthalten oder dem Verlust der Selbstständigkeit.

Durch das Urteil des Bundesverfassungsgerichts, das im Februar 2020 den § 217 StGB kippte, wird sich einiges ändern. Der § 217 StGB verbot das »geschäftsmäßig[e]« Gewähren, Verschaffen oder Vermitteln einer Gelegenheit zur Selbsttötung. Das wird, etwa durch Sterbevereine, zukünftig erlaubt sein. Dadurch werden mehr alte oder sterbenskranke Menschen ihr Leben selbst beenden – was dann übrigens nicht als Suizid gilt, wodurch die

Zahl an Suiziden statistisch sogar zurückgehen könnte. Das Urteil des Bundesverfassungsgerichts wird die ethische Haltung in unserer Gesellschaft zum Suizid nachhaltig beeinflussen, da es ihn gesetzlich und moralisch legitimiert.

Bei einem Suizid ist es sehr wichtig, keine vorschnellen Schlüsse zu ziehen. Bei der Frage nach den Ursachen suchen viele Menschen eine einfache Erklärung: eine Trennung oder den Verlust des Arbeitsplatzes. Hierbei wird übersehen, dass diese Probleme zwar der letzte Auslöser, aber in der Regel nicht der alleinige Grund für die Entscheidung sind. Hinter Schwierigkeiten in einer Beziehung oder im Berufsleben steht häufig eine Depression oder ein anderes psychisches Leiden. Auch ist es möglich, dass der Suizid »spontan« nach Einnahme von Drogen oder unter Alkoholeinfluss begangen wurde.

Ein häufiger Sterbeort beim Suizid ist die eigene Wohnung. Hier stellt sich vielen die Frage: »Wie konnte der Sterbende den Angehörigen das antun?« Allerdings ist es nachvollziehbar, dass auch suizidale Menschen gerne in einer vertrauten Umgebung sterben möchten.

Was Suizid für die Angehörigen so schwer macht

Wenn sich jemand das Leben nimmt, bleiben die Angehörigen in einer schwierigen Situation zurück. Oft verstehen die Menschen im näheren Umfeld des Verstorbenen den Suizid als eine gegen sie gerichtete Anklage. Wenn in meinen Begleitgesprächen eine solche Vermutung angesprochen wird, ziehe ich häufig den Vergleich zu sterbenskranken Menschen: Der Suizidale ist ebenso Opfer seiner Krankheit oder akuten Lebenssituation wie diese – mit der Besonderheit, dass sein Leiden psychischer Art und daher schwieriger zu erkennen ist. Viele Menschen, die Suizid begehen, leiden an Depressionen, manchmal manischen, unter extremer Überforderung, einer Schizophrenie oder anderen psychischen

Erkrankungen. Aus Spaß oder Achtlosigkeit nimmt sich niemand das Leben, ganz sicher nicht. Menschen aus dem Umfeld hilft diese Erklärung dabei zu verstehen, dass die Schuld nicht bei ihnen liegt.

Ein weiterer belastender Aspekt ist die Tatsache, dass das Zimmer, in dem der Suizid geschehen ist, von der Polizei versiegelt wird. Zudem werden Wohnung, Computer und Handy nach einem Abschiedsbrief durchsucht und die Hinterbliebenen polizeilich vernommen. Das sind nicht gerade die idealen Umstände für einen gelingenden Start in den Trauerprozess.

Hinterbliebene beschreiben die ersten Stunden nach der Nachricht oft wie in einem Nebel, einer Leere, die alles andere überlagert. Häufig kommen auch Wut und Vorwürfe gegen den Verstorbenen hoch, und die Angehörigen fragen sich, wie er ihnen das antun konnte. Nicht weniger belastend ist eine andere Frage, die sich unweigerlich stellt – übrigens nicht nur den Menschen aus dem direkten, sondern auch dem erweiterten Umfeld des Verstorbenen: *Warum?* Warum ist das geschehen? Warum hat er das getan? Seit wann hat sie das schon vorgehabt? War ich es nicht wert, dass er noch einmal eine Therapie versucht hat? War es die Wahrheit, als sie sagte, sie liebt mich, und wusste sie zu dem Zeitpunkt schon, dass sie sich das Leben nehmen wird? Hätte ich das Unglück verhindern können? Hätte ich etwas merken und handeln müssen? Ist es auch meine Schuld? Trägt jemand anderes die Schuld daran?

In einer solchen Situation sind Selbstvorwürfe keine Seltenheit.

Mit diesen belastenden Fragen einher geht häufig eine Stigmatisierung dieser Todesart durch das Umfeld, die dazu führt, dass den Hinterbliebenen nicht dieselbe Anteilnahme zuteilwird wie bei einer anderen Todesart.

Viele Mitmenschen wissen auch einfach nicht, wie sie sich bei einem Fall von Suizid verhalten sollen, und können den Trauernden weder Halt noch Trost bieten. Oftmals bewirken sie mit ihrer Unsicherheit, dass die trauernden Angehörigen sich verpflichtet fühlen, für diesen Zustand der Außenstehenden Verständnis aufzubringen – eine zusätzliche Belastung. Manche Menschen verbreiten im sozialen Umfeld sogar abstruse Theorien über angebliche Gründe oder fragen die trauernde Familie nach dem Wie und Warum aus. Wieder andere melden sich aus Unsicherheit überhaupt nicht, weil sie Angst haben, etwas Falsches zu sagen. So erleben die Trauernden neben dem persönlichen Verlust auch noch den Wegfall vieler sozialer Kontakte und schwere persönliche Verletzungen.

Ich kann Hinterbliebenen nur raten: Suchen Sie sich professionelle Unterstützung im Trauerprozess. Die Vielzahl der widersprüchlichen Emotionen, die besonderen Umstände – vor allem, wenn es sich um das eigene Kind, den Partner, die Partnerin, einen Geschwister- oder Elternteil handelt – erschweren den Trauerprozess auf eine Weise, die nur wenige Menschen selbstständig bewältigen können oder möchten.

Es kann hilfreich sein, über mögliche Schuldgedanken mit vertrauten oder gleichfalls betroffenen Menschen zu sprechen. Hier erfahren Angehörige, dass sie mit ihrer Situation nicht alleine sind. Im Gespräch wird vielen deutlich, dass es nicht ihre Schuld, sondern dass es die Entscheidung des Verstorbenen war. Diese Entscheidung müssen sie nicht unbedingt gutheißen, aber sie können versuchen, diese zu tolerieren.

Wie reagiere ich als Bekannter eines Menschen, der einen Suizid in seiner Familie erlebt hat?
Wenn jemand, der Ihnen nahesteht, einen geliebten Menschen durch einen Suizid verloren hat, dann machen Sie dem Hinterbliebenen keinesfalls Vorwürfe oder Schuldzuweisungen – auch nicht andeutungsweise. Sie würden sich ja auch nicht erdreisten, Ihren Freunden zu sagen, warum deren Angehörige Krebs bekommen haben. Eine solche Aussage wäre vermessen. Stigmatisierung ist einer der Punkte, der es Trauernden nach einem Suizid besonders

schwer macht, in eine normale Trauer zu finden. Begegnen Sie dem Hinterbliebenen stattdessen offen und mitfühlend, bedenken Sie die oftmals schwierigen Umstände seines Verlustes! Gehen Sie aktiv auf ihn zu, und bieten Sie ihm ebenso Ihre Hilfe an, wie Sie es bei anderen Trauerfällen machen würden. Besorgen Sie sich Literatur zum Thema Suizid, und sorgen Sie dafür, dass auch die Menschen in Ihrem Umfeld für das Thema sensibilisiert werden. Nehmen Sie eine Selbsttötung zum Anlass, den Suizid aus der Tabuzone herauszuholen. Bitten Sie Schuleinrichtungen, den Suizid, am besten mithilfe von Fachleuten, zu thematisieren und zu enttabuisieren. So können Sie dazu beitragen, dass eines Tages betroffene Angehörige Hilfe und Trost anstatt zusätzliche Verletzungen erfahren.

Wie handeln, wenn suizidale Gedanken geäußert werden?

Wenn suizidale Gedanken geäußert werden, liegt in der Regel eine Depression vor. Depressionen sind heutzutage gut behandelbar, sowohl medikamentös als auch durch Psychotherapie. Das Problem ist nur, dass sich nicht alle Betroffenen helfen lassen wollen. Depressionen sind in unserer »Spaßgesellschaft« tabuisiert. Laut Statistik fragen nur 35 von 100 betroffenen Menschen nach professioneller Hilfe, und durchschnittlich vergehen 11 Monate, bevor sie das tun.

Wie können wir depressiven Menschen am besten begegnen? Es ist wichtig, dass sie Menschen an ihrer Seite haben, bei denen sie sich sicher fühlen und mit denen sie über ihre Ängste und Gedanken sprechen können. Versuchen Sie, ansprechbereit zu sein, aktiv mit dem Betroffenen ins Gespräch zu kommen, um herauszufinden, was ihm helfen könnte – kurz- und auch langfristig. Versuchen Sie, professionelle Hilfe zu organisieren, und geben Sie ihm entsprechende Kontaktadressen weiter.

»Wie bekommt man eigentlich Suizid?«, fragte die neunjährige Sina, als sie erfuhr, dass der Vater eines Freundes sich das Leben genommen hatte. Eine kluge Frage des Mädchens, das ahnte, dass Tod durch Suizid etwas ist, das man wie andere Krankheiten eben auch »bekommen« kann. Wenn eine Psychose oder Depression so schlimm ist, dass ein Mensch nicht mehr weiterleben will, dann sind diese Suizidgedanken eine Folgeerscheinung der Erkrankung. So wie man an einer Krebserkrankung oder einem Verkehrsunfall sterben kann, kann man auch an einer Depression sterben.

Deshalb: Vermeiden Sie im Umgang mit Depressiven plumpe Aufmunterungsversuche. Sätze wie »Nun sei doch nicht so traurig!« oder »Ach, lach doch mal!« helfen Menschen mit mangelndem Lebensmut nicht weiter. Eine Depression ist mit einer trüben Stimmung nicht zu vergleichen. Ein betroffener Mensch kann sich nicht »einfach so« daraus befreien. Zeigen Sie Verständnis für seine Traurigkeit und seinen Schwermut, signalisieren Sie, dass Sie da sind, wenn er Hilfe braucht oder sprechen möchte.

Wenn Ihnen die Hilfestellung über den Kopf wächst, suchen Sie für den Erkrankten, aber auch für sich selbst, nach Unterstützung.

Menschen, die über Selbsttötung nachdenken, suchen – wie oben gesagt – nur selten professionelle Hilfe auf. Sie versuchen eher, ihre Not zu verbergen.

Häufig kann man sie mit Schauspielern vergleichen, die eine Rolle spielen, aber nicht auf der Bühne, sondern im Alltag. Dabei entwickeln sie eine solche Perfektion, dass die Angehörigen einfach nichts merken können. Und vielleicht ist es den suizidalen Menschen oft auch selbst nicht bewusst, weil sie aus einer adaptierten Norm (ich muss »stark« sein und darf keine Schwäche zugeben) oder einem Krankheitsbild heraus so handeln.

Nehmen Sie Suizidgedanken unbedingt ernst
Wenn man um Suizidgedanken eines Betroffenen weiß, sollte man diese unbedingt ernst nehmen. Natürlich setzt es einen auch selbst unter Druck: Wenn ich nicht eingreife und der Betroffene tut sich etwas an, dann muss ich mit diesem Wissen weiterleben. Andererseits ist die Hemmschwelle, die Polizei oder die Feuer-

wehr anzurufen, sehr groß. Denn wenn man das tut und diese den Betroffenen mit Hinweis auf Ihren Anruf kontaktiert, kann das die vertrauensvolle Beziehung zu der Person zerstören. Hier gilt es abzuwägen. Gehen Sie im Zweifelsfall aber lieber auf Nummer sicher, und verständigen Sie die Hilfskräfte. Holen Sie sich auch Unterstützung in Beratungsstellen für Angehörige.

Wenn der Betroffene konkrete Absichten äußert, bleibt einem ohnehin keine Wahl. Zögern Sie auch nicht, wenn Sie glauben, jemand möchte Sie mit einer Suizidandrohung oder einer Aussage wie »Wenn du nicht wieder zurückkommst, dann tue ich mir etwas an« nur erpressen. Hier ist die 112 die richtige Nummer, die Feuerwehr, die einen auch mit dem psychologischen Notfalldienst verbinden kann. Bei diesem können Sie sich auch Hilfe holen, wenn Sie mit der Situation überfordert sind und schlichtweg nicht wissen, wie Sie reagieren sollen.

Manchmal tritt bei suizidalen Menschen eine abrupte Besserung der Situation ein. Was viele Angehörige erleichtert, kann paradoxerweise auch ein Hinweis auf eine akute Suizidgefahr sein. Wenn der depressive Mensch die Entscheidung für den Suizid getroffen hat, fällt in diesem Moment eine Last von ihm ab, und er ist die verbleibende Zeit positiver und gelöster gestimmt als die Wochen zuvor.

Die 17-jährige Steffi fand ihren Vater nach einem Suizid vollkommen überraschend tot vor. Später beschrieb sie mir ihre Gedanken zu den Gründen für einen solchen Schritt:

»Eine Woche nach dem Suizid meines Vaters saßen drei kleine Vögel auf unserer Terrasse. Plötzlich kamen zwei große schwarze Vögel auf sie zu. Die drei kleinen Vögel sind schnell davongeflogen – einer leider gegen unsere Fensterscheibe.

Die großen schwarzen Vögel sind wieder fortgeflogen, und der kleine Vogel ist durch diesen Unfall gestorben.

Wollte er sterben?

Wollte er gegen die Fensterscheibe fliegen?

Ich glaube kaum: Der kleine Vogel konnte nicht mehr klar denken, plötzlich hat sich vor Schreck ein Schalter bei ihm umgelegt, und Panik, oder wie auch immer man das nennen möchte, hat ihn erfasst.

Ich denke, dass jeder Mensch einen oder mehrere schwarze Vögel in seinem Leben hat. Man kann sie Depression oder Ängste oder auch einfach Schicksal nennen. In unserem Leben kommt es immer wieder zu Blitzangriffen, und die schwarzen Vögel stürzen dann auf uns herab.

Das heißt aber nicht, dass wir dann immer gegen die Glasscheibe fliegen und sterben. Vielleicht fliegen wir auch einfach davon oder bleiben sitzen und lassen uns von den schwarzen Vögeln gar nicht beeindrucken.

Fest steht für mich aber, dass es im Leben keine Garantie gibt. Für gar nichts. Und ich bin mir sicher: Ein Suizid passiert nicht einfach so aus dem Nichts heraus, und der Verstorbene ist auch nicht der Schuldige.«

Tabuisierung von Suizidgedanken

Suizidgedanken sind weniger selten, als man gemeinhin denkt. Rund 80 Prozent aller Bundesbürger haben schon einmal darüber nachgedacht, sich das Leben zu nehmen. Warum sprechen Menschen, die den Gedanken an einen Suizid mit sich tragen, so selten darüber? Die Erfahrung zeigt: Die Angst ist groß, stigmatisiert zu werden. Selbst während der Behandlung einer schwerwiegenden Erkrankung wie z. B. Krebs oder einer Depression, die häufig mit Suizidgedanken einhergehen, gelingt es nur den wenigsten, darüber zu sprechen. Häufig besteht die Angst, soziale Kontakte zu verlieren, nicht ernst genommen und als psychisch krank abgetan zu werden. Auch wird der Autonomieverlust durch eine Zwangsbehandlung gefürchtet. Viele Betroffene haben zudem die Vorstellung, dass ohnehin niemand sie verstehen könne. Häufig sind sie nicht in der Lage, Hilfsangebote und Mitgefühl anzunehmen.

Nachsterbewünsche

In meiner Trauerpraxis erlebe ich häufig Nachsterbewünsche von Angehörigen. Sie haben das Gefühl, die Traurigkeit nicht aushalten zu können. Einige stellen sich vor, durch den Tod bei dem Verstorbenen zu sein. Nachsterbewünsche kommen recht häufig vor; damit daraus ein Suizidwunsch wird, müssen in der Regel jedoch weitere Umstände dazukommen.

Ein Jugendlicher berichtete, dass seine Eltern nach dem Tod der Schwester immer wieder erwähnten, dass sie sich wünschten, auch tot zu sein. Als die Familie kurze Zeit nach dem Begräbnis im Flugzeug auf dem Weg in den Urlaub saß, gab es starke Turbulenzen. »Alle hatten Angst, abzustürzen und zu sterben«, sagte der junge Mann. »Auf einmal wollte keiner mehr tot sein.«

***

Eine Mutter, deren Tochter durch einen Unfall starb, kommt zur Trauergruppe, setzt sich an den Tisch und sagt: »Ich bin froh, hier zu sein. Ich muss euch erzählen, dass ich die letzten Tage im Schaukelstuhl saß und darüber nachdachte, dass ich mir am liebsten das Leben nehmen würde. Dann könnte ich bei meiner Tochter im Himmel sein und mein Mann auf der Erde bei unserem kleinen Sohn.«

»Kennt ihr solche Gedanken auch?«, frage ich die anderen Eltern.

Viele nicken. Und dann erzählen sie von dieser Zeit und sagen der Mutter: »Diese Gedanken gehen vorbei, vertrau darauf.«

Die junge Mutter sagt: »Ach, ich glaube, ich könnte es ohnehin nicht. Aber ich musste es euch erzählen, allein schon deswegen, weil ich Angst hatte, durch die Gedanken bekloppt zu werden. Ich wusste, hier muss ich keine Angst haben. Ich weiß nicht, was geschehen würde, wenn ich es auf der Straße erzähle.«

Ein junges Ehepaar, dessen einziges Kind durch eine Gewalttat gestorben war, hatte in der Zeit danach Suizidgedanken. Sie versprachen einander: »Wenn einer von uns beiden sich das Leben nimmt, muss er dem anderen vorher Bescheid sagen, damit der die Chance hat, es ebenfalls zu tun, und nicht alleine zurückbleiben muss.« Monate später, nachdem die Suizidgedanken vergangen waren, erzählten sie: »Wenn der eine sagte: ›Ich kann nicht mehr‹, war der andere meistens gerade relativ gut drauf und sagte: ›Ach, lass uns noch warten, heute nicht.‹« Und so haben sie sich gegenseitig durchgetragen, bis das Schlimmste überstanden war.

Ich erhalte am Abend einen Anruf vom Jugendamt und werde gebeten, in eine Familie zu kommen, in der sich die Mutter von drei Kindern das Leben genommen hat. Die Älteste der drei ist 13 Jahre alt und hat eine geistige Behinderung, ihre jüngere Schwester ist sieben und der kleine Bruder fünf. Der Vater ist vor zweieinhalb Jahren durch einen Herzinfarkt verstorben.

Der Notfallseelsorger ist schon vor Ort. Die Kinder wissen noch nichts vom Suizid der Mutter. Man hat sie zu ihrer Tante und ihrem Onkel gebracht. Dort sitzen wir im Kinderzimmer auf dem Fußboden: die drei Kinder, dazu Onkel und Tante, ihr Cousin und die Cousine – sechs und sieben Jahre alt –, der Notfallseelsorger und ich.

»Wir machen jetzt eine Runde, in der alle ihren Namen sagen und wie alt sie sind«, beginne ich. Die Kinder starten, sie wirken angespannt wegen dem, was hier geschieht. Nach der Runde ergreife ich wieder das Wort: »Wir sitzen heute hier zusammen, weil eure Mama gestorben ist.«

Alle schauen zu mir. Der Fünfjährige sagt: »Nein, nicht die Mama! Unser Papa ist tot!«

»Ja, euer Papa ist tot. Das stimmt«, sage ich. »Aber jetzt, und das ist ganz doll traurig, jetzt ist auch eure Mama tot.«

Pause. Schweigen.

»Nein! Warum?« – »Die Mama?« – »Warum?«

Langsam begreifen die Kinder, die durch den Vater schon eine recht genaue Vorstellung von »tot« haben, was ich ihnen da sage. Und gleichzeitig werden sie die Dimension des Verlustes von Vater *und* Mutter erst viel später wirklich verstehen.

»Die Mama ist tot, weil sie sich totgemacht hat«, erkläre ich.

»Warum?«, fragen die Kinder.

»Wir glauben, dass eure Mama krank geworden ist, weil sie so traurig war, nachdem euer Papa gestorben ist. Krank im Denken ...« – dabei fasse ich mir an die Stirn – »... und krank im Fühlen« – dabei lege ich mir die Hand aufs Herz.

Die mittlere Tochter nickt. Ja, das kann sie nachvollziehen. Wahrscheinlich nicht verstehen, aber nachvollziehen. Oder doch irgendwie verstehen?

Ich erkläre und erzähle. Dann bitte ich die Kinder, ein Blatt Papier und eine Schere zu holen. Ich male ein Herz auf das Papier, schneide es aus und teile es in zwei Hälften.

»Schaut euch mal das Herz an«, sage ich, während ich es in der Mitte auseinandernehme. »Wenn ihr diese zwei Teile umdreht, sehen sie aus wie zwei Tränen. Ja, so fühlt es sich jetzt für euch an – als würde vor lauter Trauer das Herz brechen!«

Die Kinder schauen zu, verstehen, man sieht es ihnen an, und dann holen sie Papier und Scheren für sich selbst, malen ein Herz, schneiden es aus, malen die Vorderseite rot und die Rückseite blau an. Sie fragen, weinen, erzählen. Alle wollen die Herzteile am nächsten Tag mit in die Kita und die Schule nehmen.

Die 13-Jährige sagt: »Dann lösche ich jetzt Mamas Telefonnummer. Jetzt kann ich bei Whatsapp ja nicht mehr mit ihr schreiben.«

»Nein, lass die Nachrichten erst mal auf deinem Handy. Vielleicht benötigst du sie ja noch einmal.« In Trauersituationen neigen Menschen dazu, Whatsapp-Nachrichten und andere Erinnerungen wie Kleidung vorschnell auszusortieren. Den Schmerz, wenn man darauf stößt, will man vermeiden. Später hätte man aber vielleicht gerne Erinnerungsstücke, und bereut die vorschnelle Handlung.

Irgendwann fragt der Fünfjährige: »Und wo wohnen wir jetzt?«

»Erst mal hier«, sagen Onkel und Tante.

»Und wenn ihr euch auch das Leben nehmt?«, fragt die Cousine. Sieben Jahre. So klein und so große Fragen!

Ich habe eine Idee: Ich schlage vor, dass Mama und Papa – bzw. Onkel und Tante – doch einen Vertrag aufsetzen könnten, in dem sie versprechen, dass sie sich nicht das Leben nehmen werden. Und dass sie sich, wenn es ihnen nicht gut geht und sie auch krank werden wie die Mama, Hilfe bei einem Arzt, bei Freunden oder bei mir suchen.

Das finden die Kinder beruhigend. »Ja, und das hängen wir dann an die Küchentür«, sagt die 13-Jährige.

Kinder und Jugendliche denken auch in extrem emotionalen Situationen oft sehr sachlich. Das kann für Erwachsene irritierend sein, ist aber typisch. Es ist hilfreich, auf diese Reaktionen ebenfalls sachlich zu reagieren. Wie sehr sich ihre Normalität verändert hat und was der Verlust emotional für sie bedeutet, werden die Kinder noch früh genug begreifen.

Am übernächsten Tag besuche ich mit dem Onkel und der Tante die Wohnung, in der sich die Verstorbene das Leben nahm. Sie ist aufgeräumt. »Meine Schwester hat immer Ordnung gehalten«, sagt die Tante. Im Wohnzimmer, wo die Verstorbene auf der Couch geschlafen hat, stehen Fotos und andere Erinnerungen an den verstorbenen Mann. Und zwei Wäscheständer. Bevor sich die Mutter das Leben nahm, bevor sie im Abschiedsbrief schrieb, dass sie glaube, ihre Kinder kämen ohne sie besser klar, hat sie noch die Anziehsachen der Kinder ordentlich auf die Wäscheständer gehängt. Pinke Mädchenleggins, einen blauen Pulli mit einem Baggeraufdruck, Glitzerpullis der großen Tochter und ihre eigenen selbst gestrickten Socken.

Mir wird deutlich: Es ist wichtig, suizidales Handeln nicht zu bewerten. Wir dürfen nicht in den Irrtum verfallen, als wäre eine Selbsttötung immer eine freie Entscheidung. Dass sich eine liebende Mutter für einen solchen Weg entscheidet, zeigt ja, wie groß die Störung, das Ausmaß der Erkrankung war. Wie gewaltig muss der Leidensdruck sein, dass man einen solchen Weg wählt? An dieser Stelle wird auch noch einmal deutlich, wie sehr Psychosen und Depressionen das Fühlen, Denken und Handeln verändern können.

Im Abschiedsbrief schreibt die Mutter: »... und dann habe ich meine letzte Kraft zusammengenommen. Ich bat das Jugendamt um Hilfe wegen der Kinder und fragte nach einem Termin bei einem Psychologen. Aber die Wartelisten sind lang. So lange zu warten, das schaffte ich nicht. Das schaffe ich nicht. Ich kann nicht mehr warten ...«

Vielleicht hätte es ihr schon geholfen, mit jemandem aus ihrem Umfeld über ihre schweren Gedanken zu sprechen. Vielleicht hätte man ihr Hilfen aufzeigen können, die sie selbst nicht mehr gesehen hat. Dafür hätte sie allerdings darüber reden müssen, Signale setzen müssen. Etwas, was vielen suizidalen Menschen häufig nicht möglich ist.

Es ist so wichtig, dass Selbsttötungen und Suizidgedanken aus der Tabuzone kommen. Dass alle Menschen, nicht nur Betroffene und Angehörige, die Möglichkeit bekommen, mehr Informationen und Austausch zu erhalten. Es braucht grundsätzlich in der gesamten Gesellschaft mehr Wissen darüber.

Denn während für den suizidalen Menschen der Tod der einzige Ausweg zu sein scheint, bleiben Menschen aus der Nachbarschaft, dem privaten, schulischen und dem Arbeitsumfeld oft fassungslos zurück – mit Lösungsideen, die nicht mehr greifen können, mit Fragen, Schuldgedanken und Schuldzuweisungen.

Ich lege die Wäsche zusammen und packe sie in den Wäschekorb, während Onkel und Tante die Papiere zusammensuchen. Vielleicht möchten die Töchter später Mamas Socken anziehen? Vielleicht. Ich weiß es nicht. Zur Sicherheit nehme ich sie mal mit.

Chris' Mutter ist vor einigen Wochen verstorben. Er ist mit der Situation überfordert. Sicher auch, weil er sich entschieden hat, nicht zu weinen – schon gar nicht vor ihm nahestehenden Menschen. Seit einigen Wochen geht er nicht mehr zur Schule, hat Schlafstörungen. Er weint nicht, dafür trinkt und kifft er, zu viel und überhaupt.

An einem Nachmittag erreicht mich eine E-Mail von ihm: »Klartext: Hey, ich will mich umbringen! Und das mehr als alles andere! Wie erkläre ich das den Leuten, die ich liebe, ohne sie zum Weinen zu bringen? Ich bin kurz davor, zusammenzubrechen. Wie oft stand ich schon im Baumarkt und habe nach Seilen geschaut; wie oft stand ich schon am Hauptbahnhof mit genug Geld für Drogen; wie oft stand ich schon in der Küche vor der Schublade mit den Messern …«

Ich informiere zuerst seine Tante, die derzeit seine einzige Bezugsperson ist. Dann schreibe ich ihm zurück:

»Hallo Chris! Ich habe grade mit deiner Tante gesprochen, sie meldet sich bei dir. Morgen bin ich zurück, und wir können uns am Nachmittag treffen. Bis dahin wünsche ich mir, dass du am Leben bleibst. Kein Witz!«

»O. k.«, kommt die kurze Antwort.

Als wir uns am folgenden Tag sehen, sprechen wir über seine Suizidgedanken. Gegen die Psychiatrie wehrt er sich vehement, lässt sich aber auf einen Termin bei einer Psychologin ein, den er tatsächlich für die Folgewoche erhält. Dann erzähle ich ihm von einer Idee, die mir gekommen ist: Ich könne für ihn mal bei Angehörigen von Menschen nachfragen, die sich umgebracht haben, wie man einen Abschiedsbrief so schreibt, dass es nicht so wehtut?! Meine Hoffnung bei diesem Vorschlag ist es, dass Chris die Folgen eines Suizids aus der Sicht der Hinterbliebenen geschildert bekommt, solange er dafür noch offen ist.

Am Abend findet eine Elterntrauergruppe im LAVIA-Haus statt. Drei Elternpaare sind darunter, deren Kinder sich das Leben genommen haben. Ich erzähle ihnen von Chris und dass ich ihm versprochen habe, seine Frage weiterzugeben.

Schweigen. Allen ist anzusehen, dass die Gedanken kreisen. Und dann setzt ein Gespräch darüber ein, dass nichts, aber auch gar nichts im Brief stehen könnte, was den Schmerz verringern würde. »Was hätte ich darum gegeben, wenn unser Sohn diese Möglichkeit des Fragens noch wahrgenommen hätte«, sagt ein Vater. Am Ende des Abends biete ich an, Antworten an Chris weiterzuleiten, falls ihm jemand eine schriftliche Nachricht schicken möchte.

Kurz darauf bekomme ich eine E-Mail von einer der Teilnehmerinnen.

»Liebe Mechthild,
der junge Mann geht mir nicht aus dem Sinn – ob unsere Tochter Lina sich auch gefragt hat, was ihr Sprung für uns bedeutet? Ich weiß nicht, ob du ihm das weiterleiten willst, was mir durch den Kopf gegangen ist, aber ich vertraue auf dein Urteilsvermögen.
Vielen Dank für den Abend am Dienstag.
Liebe Grüße, Karolin«

Ich schreibe Chris an und frage ihn, ob ich ihm die Antwort einer Mutter schicken dürfe. Er sagt zu, und ich leite ihm folgende Nachricht von Karolin weiter:

»Du Lieber,
bei der letzten Trauergruppe hat uns Mechthild deine Frage vorgelegt: Was kann man seinen Lieben sagen oder schreiben, damit der eigene Suizid für sie nicht mehr so schlimm ist? Die Antwort lautet: Nichts! Kein Wort kann es besser machen, wenn man sein Kind verliert! Meine Tochter hat sich letztes Jahr das Leben genommen, sie war 16 Jahre alt. Ich weiß nicht, warum sie das getan hat. Sie hat mir keinen Brief hinterlassen. Aber kein Brief, keine Worte dieser Welt hätten den Schmerz erträglich machen können.

Ohne Ankündigung war sie plötzlich weg. Hat sich am Abend verabschiedet, wie immer, und war am Morgen nicht mehr da.
Andere Eltern aus unserer Gruppe, deren Kinder sich ebenfalls etwas angetan haben, haben einen Abschiedsbrief erhalten. Darin erklären die Kinder ihren Schritt – doch die Erklärungen machen es auch nicht besser.
Keiner von uns will sein Kind verlieren.
Wenn du dich darum sorgst, wie du das Leben für deine Liebsten erträglicher machen könntest: Lebe weiter! Es ist bestimmt schwer, denn sonst hättest du nicht über dein Lebensende nachgedacht. Aber du siehst die Menschen um dich herum noch – das ist toll! Es ist dir nicht egal, wie es ihnen geht – dir ist noch nicht alles egal! Dann nimm noch einen Tag unter deine Füße!
Während ich dir schreibe, weine ich ununterbrochen über den Tod meiner Tochter und über deine Verzweiflung. Ich wünsche dir so sehr, dass du jemanden findest, bei dem du deine Verzweiflung abladen kannst. Meine Traurigkeit wird mir bleiben, und trotzdem will ich leben. Ich habe tatsächlich gelernt, wie gut weinen tun kann; wie sehr selbst Tränen, die keiner sieht, helfen.
Ich kann dir nichts raten. Ich weiß aber, dass es für die Menschen in deiner Umgebung einen Unterschied macht, wenn du weiterlebst. Und ich wünsche dir, dass du die Kraft dazu findest.
Ganz herzliche Grüße, Karolin«

Chris reagiert direkt auf diese Nachricht, und wir sprechen am Telefon miteinander. Ihm ist durch die Mail bewusst geworden, dass er seinen Schmerz, vor dem er in den Tod flüchten will, bei einem Suizid an seine Angehörigen weitergibt. Dieser Gedanke motiviert ihn zusätzlich, den Termin bei der Psychologin wahrzunehmen.

Einige Wochen später schreibt er mir per Handy: »Mir geht's momentan super. Den Grund siehst du ja!« Mitgeschickt hat er das Bild einer netten jungen Frau – seine neue Freundin.

Ich schreibe zurück: »Gestern habe ich einen Text gelesen: ›Wenn du heute aufgibst, wirst du nie wissen, ob du es morgen geschafft hättest.‹«

Chris lebt. Er hat tatsächlich eine Therapie gemacht und nimmt keine Drogen mehr. Er hat eine Lehre als Schreiner begonnen und nutzt weiterhin die Gespräche mit der Psychologin und der Trauergruppe.

Kapitel 12

TRAUER UND TABUS

Der Begriff Tabu stammt aus dem Polynesischen und beschreibt laut Wikipedia eine »kulturell überformte Übereinkunft, die bestimmte Verhaltensweisen auf elementare Weise gebietet oder verbietet«. Über Tabus wird nicht gesprochen; man meidet es, sie zu nennen oder auch nur anzudeuten. Das Schlimme ist: Dadurch können sie eine große Macht entwickeln.

In meiner Arbeit als Trauerbegleiterin stoße ich immer wieder auf Tabus. Bei den Themen Tod und Sterben gibt es zahlreiche gesellschaftliche Konventionen und Erwartungen, wie Trauer zu verlaufen hat. Wenn dann die eigene Geschichte diesen Erwartungen nicht entspricht, setzt das die Betroffenen unter großen Druck. Viele erleben sehr widersprüchliche Gedanken und Gefühle. Sie fragen sich: Darf ich das? Stimmt etwas nicht mit mir?

Thorsten meldet sich im Trauerhaus und fragt, ob seine beiden Kinder eine Trauergruppe besuchen könnten. Seine Frau Yvonne hat sich mit Tabletten das Leben genommen. Die Kinder, eines im Kindergarten, das andere in der Grundschule, vermissen die Mutter und machen sich Vorwürfe, sie sei gegangen, weil sie nicht lieb genug gewesen wären.

Seit der Geburt ihres zweiten Kindes litt Yvonne unter Depressionen. Weil sie befürchtete, von allen als krank bezeichnet zu werden, lehnte sie es ab, sich Hilfe zu holen. Außer ihrem Mann und ihrer Mutter wusste niemand davon. An schwierigen Tagen sagte der Vater den Kindern: »Mama geht es gerade nicht so gut.«

Immer häufiger gab es Streit zwischen den Ehepartnern, weil durch die Depression Probleme in der Erziehung, im Haushalt und auch in der Paarbeziehung auftraten. Trotzdem war Yvonne nicht in der Lage, sich ihrer Krankheit zu stellen.

Als sie sich das Leben nahm, war ihr Umfeld entsetzt. Niemand hätte es für möglich gehalten, dass diese freundliche junge Mutter von zwei netten Söhnen, die man von den Nachbarschaftspartys in so guter Erinnerung hatte, so etwas tun könnte.

Als ich dem Vater das Angebot mache, selbst auch an einer Gruppe für Verwitwete teilzunehmen, verneint er. »Ehrlich gesagt habe ich fast ein schlechtes Gewissen, weil es mir gut geht. Ich wage gar nicht, es laut zu sagen, aber von mir ist durch Yvonnes Tod eine echte Last abgefallen. Dieses verlogene Leben war kaum zu ertragen: Draußen war sie die freundliche, liebevolle und nette Mutter und Ehefrau, aber kaum hatte sie die Haustür durchschritten, fiel ihre Maske ab, und sie lag nur antriebslos auf dem Sofa rum. Ihr Pessimismus trübte unser ganzes Leben, sie fühlte sich von allem und jedem überfordert. Es nervte mich, dass sie sich nicht wenigstens helfen ließ. Ich weiß, ich darf das eigentlich nicht sagen, aber ich fühle mich gerade wie befreit. Mir ist klar, dass das schrecklich klingt. Und doch ist es die Wahrheit!«

Erleichterung über den Tod der eigenen Ehefrau – darf das sein? Nein, würden die meisten sagen. Und doch sind solche positiven Empfindungen im Umfeld eines Sterbefalls ganz normal. Thorsten ist kein Einzelfall.

- Lange Jahre hat die Tochter ihre Mutter gepflegt und dafür ihre besten Jahre im Ruhestand eingesetzt – Zeit, die sie eigentlich für Reisen und andere Unternehmungen eingeplant hatte. Als die Mutter stirbt, spürt sie neben der Trauer auch eine große Erleichterung!
- Die Schwester muss miterleben, wie der kleine Bruder an Krebs stirbt. Es ist nicht nur der Verlust, sondern auch, dass

sich das Familienleben nur noch um den Bruder zu drehen schien. Als er stirbt, blüht sie regelrecht auf, was die Angehörigen kritisch beäugen.
- Der Ehemann verunglückt am 28. des Monats und liegt im Sterben. Seine Risikolebensversicherung läuft am 30. desselben Monats aus. Vermutlich wird er diesen Zeitpunkt aber noch überleben. Die Ehefrau kann ohne das Geld der Versicherung die Eigentumswohnung nicht behalten. Sie hofft auf einen schnellen Tod.

In solchen Fällen ist es den Hinterbliebenen oft nicht möglich, ihre Gefühle zu akzeptieren. Sie plagen Gewissensbisse und fragen sich, ob das eigentlich normal ist. Darüber sprechen möchten sie auch nicht, da sie Angst haben, von anderen als herzlos betrachtet zu werden. Das macht es ihnen schwer, in einen gesunden Trauerprozess zu kommen.

Hier kann eine nahe Bezugsperson eine Hilfe sein, bei der man sich sicher fühlen und auch über solche Empfindungen sprechen kann. Menschen, die einen in dieser Situation annehmen und zuhören, statt Empfehlungen oder gar moralische Urteile auszusprechen. Wenn man solche in seinem direkten Umfeld nicht findet, können auch Beratungsstellen, Seelsorgerinnen oder Trauergruppen Ansprechpartner sein. Hier finden sich nicht nur Menschen, die ähnliche Erfahrungen gemacht haben, sondern es bietet sich auch ein geschützter Raum, um sich ohne Angst vor Stigmatisierung auszutauschen.

Ungeahnte Entdeckungen

Eine besondere Belastung für den Trauerprozess ist es, wenn nach dem Tod plötzlich Dinge über den Verstorbenen an den Tag kommen, die die Beziehung zu ihm in ein gänzlich neues Licht stellen.

- Heikes Mann stirbt überraschend an einem Herzinfarkt. Beim Durchgehen der Papiere entdeckt sie, dass er ihr einen großen Berg Schulden hinterlassen hat.
- Als Martins Frau Sarah stirbt, meldet sich ihr bisher unbekannter Liebhaber bei ihm und bittet darum, an der Beerdigung teilnehmen zu dürfen.
- Als der Ehemann stirbt, findet die Frau auf seinem Computer Kontaktadressen von homosexuellen Männern.

In solchen Fällen kann es hilfreich sein, sich nahestehenden Menschen anzuvertrauen oder sich professionelle Hilfe zu holen. Als Angehörige und Freunde ist es wichtig, in einer solchen Situation für den Hinterbliebenen da zu sein: Bieten Sie Gespräche an, fragen Sie regelmäßig nach dem Wohlergehen – und halten Sie es aus, wenn keine Hilfe angenommen wird.

Wenn Sie als An- oder Zugehöriger spüren, dass für Sie die Schuldgedanken und -gefühle der Trauernden zu belastend werden, fragen Sie nach Unterstützung – sowohl für die Trauernden als auch sich selbst. Jemanden zu unterstützen bedeutet nicht, Probleme zu lösen, die am Ende nur vom Betroffenen selbst gelöst werden können.

Stephanie rief mich an und bat um Hilfe. Ihr Mann hatte sich das Leben genommen. Nach seinem Tod entdeckte sie, dass er ein Doppelleben geführt hatte. Er, den sie für einen liebevollen Familienmenschen gehalten hatte, hatte neben seiner Ehe mit Stephanie noch mehrere andere Beziehungen gehabt.

»Meine Kinder brauchen Hilfe«, sagte sie beim ersten Gespräch in unserem Trauerhaus, »denn sie haben einen wirklich liebevollen Papa verloren. Aber mir, mir kann niemand helfen. Es wird niemanden geben, mit dem ich meine Erfahrungen teilen kann. Mein Mann hat mit seinem Suizid nicht nur unsere Lebensidee zerstört, nein, er hat mir auch noch meine Trauer vergiftet!«

Es brauchte eine ganze Weile, bis Stephanie ihre Trauer entdeckte. Sie suchte diese lange in dem Tod des Mannes, konnte aber keinen Schmerz, keine Sehnsucht nach ihm empfinden. Letztendlich wurde ihr klar: Der eigentliche Verlust war der Verrat ihres Mannes an ihrer Beziehung und der Familie.

Weitere Tabus in der Trauer
Neben schwerwiegenden Entdeckungen über den Verstorbenen kann es im Umfeld eines Trauerfalls zu zahlreichen tabuisierten Situationen kommen. Hier einige Fälle, denen ich im Laufe meiner Tätigkeit begegnet bin:

- Der Ehemann hat in der Zeit des Sterbens seiner Ehefrau große Angst vor der Einsamkeit, die ihn erwartet. Er überlegt, ob er in der Krankheitszeit schon eine Kontaktanzeige aufgeben soll oder ob er warten muss, bis seine Frau verstorben ist.
- Ein katholischer Priester stirbt, und seine Freundin betrauert neben dem Verlust ihres Partners auch, dass sie nicht den Status einer trauernden Witwe haben darf.
- Eine junge Frau trauert nach der Abtreibung um das Baby.
- Die Witwe entwickelt schon kurz nach dem Tod Gefühle für einen anderen Mann und fragt sich, ob sie schon so früh einen neuen Partner haben darf.
- Der 15-jährige Sohn bemerkt, dass er sich wünscht, dass doch die Mutter statt des Vaters verstorben wäre. Mit ihm kam er viel besser aus.
- Ein Ehemann wird zum Pflegefall, und die Ehefrau ekelt sich davor, ihn zu versorgen.
- Die Ehefrau des an Alzheimer erkrankten Mannes lebt mit einem neuen Mann in einer Partnerschaft. Gemeinsam pflegen sie den erkrankten Ehemann.

Was hilft Menschen, wenn sie sich in einer solchen Situation wiederfinden? Zunächst: nicht verdrängen, sondern annehmen. So widersprüchlich oder verwerflich einem die eigenen Empfindungen in solchen Momenten auch vorkommen mögen, so zeigen sie uns doch einen Wunsch, ein Bedürfnis, das dahintersteht.

Es kann hilfreich sein, in solchen Fällen einen Psychologen oder Trauerbegleiter hinzuzuziehen. Häufig ist man selbst nicht in der Lage, das Knäuel aus widersprüchlichen Gefühlen, Emotionen, Fassungslosigkeit, Wut, Ängsten, Schuldgefühlen und Sehnsüchten zu entwirren, das in einer solchen Situation entsteht.

Als Angehöriger: Bieten Sie dem Trauernden Möglichkeiten zum offenen Gespräch oder geschulte Gesprächspartner an, falls es Ihnen möglich ist. Halten Sie sich mit eigenen Urteilen und Vorwürfen zurück. Das könnte sonst dazu führen, dass der Betroffene sich nicht mehr öffnet. Helfen Sie ihm dabei, die Situation klarerzusehen – das geschieht am besten, indem er über seine Empfindungen sprechen und Lösungswege erkennen kann.

Selbst wenn der Betroffene tatsächlich fragwürdige Entscheidungen trifft, etwa eine Beziehung, die er nur aus Angst vor dem Alleinsein eingeht, merkt er das am besten, indem er sich selbst über seine eigenen Motive klar wird. Offene Gespräche mit ihm nahestehenden Menschen sind dafür sehr viel hilfreicher als erhobene Zeigefinger.

Ich lernte Hannah in der Familien-Trauerarbeit kennen. Sie kam mit ihren beiden Töchtern, sechs und acht Jahre, zu uns, nachdem ihr Mann an einer Krebserkrankung verstorben war. Die Kinder besuchten die Kindertrauergruppe, sie selbst kam regelmäßig zur Elterntrauergruppe, bis sie eines Tages sagte, sie glaube, sie wäre dort fehl am Platz. Ich verstand nicht, was sie meinte, also vereinbarten wir ein Einzelgespräch.

»Alle, die in der Trauergruppe sind, trauern um die Liebe ihres Lebens. Das ist bei mir anders«, erzählt sie mir dort. Zuerst spricht sie stockend, mit der Zeit fällt es ihr leichter. Eines Tages hätten ihr Mann und sie im Gespräch mit der Eheberatung beschlossen, noch ein halbes Jahr lang zu versuchen, ihre Ehe zu retten. Wenn es nicht gelänge, wollten sie sich trennen. Eine Woche vor Ende des vereinbarten Zeitraums war Hannah fest entschlossen, die Beziehung zu beenden. Da erhielt ihr Mann die Diagnose Krebs.

»Selbstverständlich trennte ich mich nicht von ihm«, sagt sie und berichtet weiter, dass die Beziehung durch die schwere Erkrankung nicht etwa besser, sondern noch schlimmer geworden sei. Schon früher sei ihr Mann sehr auf seine eigenen Bedürfnisse fixiert gewesen und habe nur selten Rücksicht auf sie oder ihre gemeinsamen Kinder genommen. In der Krankheitszeit habe sich diese egoistische Haltung noch einmal verstärkt. Als es ihm immer schlechter ging und klar war, dass er sterben würde, merkte sie, dass sie erleichtert war. Sie wünschte ihm nicht den Tod, aber ihr wurde bewusst, dass ihr so die offizielle Trennung und der unweigerlich damit einhergehende Rosenkrieg erspart bleiben würden. Und gleichzeitig wollte sie, dass dieses ganze Elend, dieser ganze Stress samt der Pflege endlich ein Ende hätte. Sie war selbst irritiert über diese Gedanken und Gefühle, schämte sich deswegen.

Eines Tages sagte ein Arzt zu ihr: »Vielleicht kann diese neue Chemo Ihrem Mann noch zwei bis zweieinhalb Lebensjahre schenken!« In ihr schrie alles: »Bitte nicht! Ich halte das nicht so lange aus!«

Außer mit ihren Eltern konnte sie mit niemandem über ihre Not sprechen. Dadurch dass sie die Trennungsgedanken geheim gehalten hatten, glaubte das Umfeld, dass es sich um eine intakte Familie handeln würde. »Ausgerechnet euch muss das geschehen, ihr wart so ein schönes Paar!«, sagten die Bekannten.

Heute biete ich mit Hannah Gespräche für Menschen in besonderen Trauersituationen an. Inzwischen spricht sie offen über ihr Erleben. Ihre Erfahrungen und der offene Umgang damit sind Trauernden in ähnlichen Situationen eine große Hilfe, ihre Schamgefühle abzulegen und sich der Situation zu stellen.

Was Menschen in solchen Situationen hilft, ist ein geschützter Raum, in dem sie von ihrem Erleben sprechen können. Idealerweise Menschen, die etwas Ähnliches erlebt haben. Wie häufig sehe ich es in dieser Gruppe, dass Trauernde Erleichterung verspüren, weil sie merken, dass ihre Empfindungen gar nicht so schlimm oder verurteilenswert sind, wie es ihnen selbst erscheint. Und dass es anderen ähnlich ergeht. Dieses Erleben befähigt sie, die Situation anzunehmen und ihre Energie darauf zu verwenden, sie zu bewältigen, statt sich schuldig zu fühlen.

Außenstehenden empfehle ich, sich mit einem Urteil zurückzuhalten, auch wenn ihnen das manchmal nicht leichtfällt. Wenn ich als Angehöriger in solchen Situationen eine Stütze sein will, ist mein eigenes Befinden erst mal zweitrangig. Es geht darum, dass der Trauernde Unterstützung bekommt. Was Menschen in Tabusituationen nicht benötigen, sind Verurteilungen von außen, die das eigene Schamgefühl noch verstärken. Wenn ich merke, dass ich als Außenstehender mit der Situation nicht zurechtkomme, ist es ehrlicher, mir das einzugestehen und mich zurückzuziehen. Und – wenn möglich – darauf zu achten, dass der Trauernde von anderer Seite die benötigte Hilfe bekommt.

Aus Erfahrung weiß ich, dass es in der Trauerarbeit immer darum geht zu sehen, was jetzt ist, ohne es zu bewerten. Mit den Jahren ist es mir natürlich eine Hilfe geworden, auf eine große Praxiserfahrung zurückblicken zu können.

Wünschenswert in allen Tabusituationen ist es, dass Betroffene auf Menschen treffen, die sie ernst nehmen; die ihre Schuldgefühle nicht bestärken, sondern Verständnis zeigen: »Du musst dich doch nicht dafür schämen!« Nur so gelingt es, die Kraft von Tabus zu brechen.

Es braucht Menschen, die nicht verurteilen, sondern versuchen, Widersprüchlichkeit auszuhalten und sich in die Situation hineinzuversetzen.

Kapitel 13

»WENN ICH DOCH NUR …«
SCHULDGEFÜHLE BEI HINTERBLIEBENEN

»Wenn ich gewusst hätte, dass er stirbt …«
»Wenn ich geahnt hätte, dass es so schnell gehen würde …«
»Ich habe Mama nach unserem Streit nicht mehr ›Tschüss‹ gesagt, als ich zur Schule gegangen bin …«

Das sind Sätze, die ich in meiner Trauerbegleitung sehr oft zu hören bekomme. Besonders wenn eine Person unerwartet aus dem Leben geschieden ist. Häufig war das letzte Gespräch etwas sehr Banales. Vielleicht sogar ein Streit, den man nicht mehr beilegen konnte. Eigentlich ist so was ganz normal: Wenn man das Leben miteinander teilt, gehört es einfach dazu, dass nicht immer alles perfekt läuft. Wohl niemandem gelingt es, im normalen Alltag jedes Missverständnis sofort auszuräumen.

Mit etwas Abstand spüren wir, dass der andere sehr gut wusste, was er uns bedeutet hat. Die meisten Menschen, mit denen wir zusammenleben, wissen sehr genau, welche Rolle sie in unserem Leben spielen. Vielen hilft es, sich die Frage zu stellen: Was wäre, wenn es nicht meinen Partner oder meinen Vater getroffen hätte, sondern mich selbst – würde ich dann auch im Unklaren darüber sein, dass ich geliebt wurde? Würde ich nicht – allen Missverständnissen und Kommunikationsschwierigkeiten des Alltags zum Trotz – wissen, was ich meinen Liebsten bedeutet habe? Wichtig ist die Beziehung, sind die schönen Momente und das, was einem der andere bedeutet hat. Sie sind es auch, die am Ende des Trauerprozesses bleiben.

Natürlich darf ein solcher Gedanke auch ein Ansporn sein, die Beziehungen zu meinen Liebsten bewusster zu gestalten und schon jetzt darauf zu achten, Streit und Schwierigkeiten möglichst rasch auszuräumen. Drücken Sie Ihren Liebsten gegenüber doch direkt heute mal aus, was Sie für sie empfinden!

Eines Morgens sagte ich zu meiner Familie: »Hört gut zu! Wenn ich plötzlich sterben sollte und wir vorher Krach miteinander gehabt haben, dann möchte ich nicht, dass ihr euch mit dem Gedanken quält, dass ihr den Abschied vermasselt habt. Wenn wir uns vorher noch gestritten und vielleicht nicht ausgesöhnt haben, möchte ich nicht, dass ihr euch Vorwürfe macht und ein schlechtes Gewissen habt. Wisst ihr, es kann doch nicht sein, dass eine einzige Situation die Erinnerung an all die Liebe überschattet, die wir füreinander empfunden haben!«

In unserer Kirche in Gelsenkirchen feiern wir jedes Jahr in der Adventszeit einen Gottesdienst für Hinterbliebene: »Weihnachten ohne dich« heißt er. Dabei gibt es einen Teil, in dem anonyme Texte von Trauernden aus unseren Trauergruppen vorgelesen werden. Der Anfangssatz lautet immer: »Wenn ich gewusst hätte, dass du stirbst, dann hätte ich …«

Die Dinge, die vorgelesen werden, sind sehr berührend:

»… dir einfach mal gesagt, dass du der beste Vater auf der ganzen Welt warst.«

»… mich dafür entschuldigt, dass …«

»… mir mehr Zeit genommen, um mit dir …«

Besonders berührt hat mich ein Text von Miriam. Auch sie hatte ich vor dem Gottesdienst per E-Mail dazu eingeladen, den Satz zu vervollständigen. Miriam ist 21, ihre Mutter ist vor einigen Wochen an Krebs verstorben. Sie schreibt:

Liebe Mechthild!
Meine Mum hatte nach der Diagnose noch fast ein Jahr zu leben. Von Monat zu Monat, von Woche zu Woche – und am Schluss von Tag zu Tag – wurden die Schmerzen schlimmer. Und je schlechter es um sie stand, umso »dümmer« habe ich mich verhalten. Erst war ich genervt, wenn sie in der Stadt beim Einkauf nicht so schnell zu Fuß war. Wenn sie eine Pause brauchte, habe ich die Augen verdreht, schwer geatmet und sie angetrieben. Und beim Ausladen war ich sauer, weil es immer so eine Qual war, sie vom Auto in die Wohnung zu bekommen. Ich empfand so viel Schmerz und Traurigkeit, aber konnte diese Gefühle nicht zulassen und reagierte daher einfach nur genervt und eingeschnappt ... dabei hatte ich eigentlich nur Angst, Angst um Mum und Angst um mich.
Heute denke ich mir: Scheiße! Wie doof von mir! Warum habe ich so reagiert? Warum habe ich ihr nicht einfach nur geholfen, ihr beigestanden, sie getröstet, ihr Mut gemacht, sie unterstützt?

Nach dem Gottesdienst, in dem ihr Text vorgelesen wurde, schreibt Miriam mir ein zweites Mal:

Liebe Mechthild,
ich glaube, irgendetwas bereut man immer, wenn jemand Geliebtes verstirbt! Aber ich merke gerade, dass letztendlich doch vor allem zählt, dass meine Mama und ich uns geliebt haben – mit all den guten und den schlechten Zeiten.
Inzwischen fallen mir bei dem Gedanken an sie immer mehr die guten Dinge ein, Dinge, die wir gemeinsam erlebt haben. Zum Beispiel, dass wir beide die Musik von PUR geliebt und zusammen Konzerte besucht haben. Ja, ich bin sicher: Meine Mum weiß, dass ich sie geliebt habe und noch immer liebe. Ganz sicher!

Wenn mich bestimmte Situationen, die ich gerne noch ausgeräumt hätte, weiter belasten, dann kann es eine Hilfe sein, sie noch einmal auszusprechen. Vielleicht am Grab. Oder man schreibt einen Brief an den Verstorbenen, der mit den Worten beginnt: »Wenn ich gewusst hätte, dass du stirbst ...« Vielleicht können Sie ihn an der Begräbnisstätte vergraben oder ihn zu Hause bei sich im Garten verbrennen? Vielleicht die Asche in den Wind oder auf das Grab streuen?

»Ist es vielleicht meine Schuld?«
Schlimmer als die Reue über Versäumnisse ist es, wenn man sich Vorwürfe macht, zum Tod beigetragen zu haben. Solche Gedanken kommen häufiger vor, als wir meinen:

»Ich hätte darauf bestehen müssen, dass er sofort zum Arzt geht!«

»Wenn ich an dem Abend mitgegangen wäre, wäre er vielleicht eine Minute später über die Straße gegangen ...«

»Hätten wir uns nicht verabredet, wäre sie gar nicht erst ins Auto gestiegen!«

Das war auch in einer Elterntrauergruppe der Fall, die von meinem Mann und mir geleitet wird. An einem der Abende sagt ein Vater: »Seien wir doch mal ehrlich, irgendwie tragen wir doch alle eine Schuld am Tod unserer Kinder.«

Betretenes Schweigen in der Runde. Nach einer Weile sagt eine Mutter: »Wie kommst du denn auf die Idee? Dein Kind ist an einer Stoffwechselerkrankung gestorben, das hättest du doch nicht ändern können!«

»Vielleicht doch«, erwidert der Vater. »Wir hätten die Zeichen der Erkrankung eher erkennen müssen. Vielleicht war auch unsere Ernährung schuld oder unser Wohnumfeld. Wer weiß das schon?«

Jetzt spricht jeder aus der Gruppe die eigenen Schuldgedanken aus:

»Hätte ich mein Kind mit dem Auto abgeholt, wäre es nicht unter die Straßenbahn gekommen.«

»Hätten wir den Elektriker einen Tag eher kommen lassen ...«
»Wären wir nicht an die See gefahren ...«
»Hätte ich ihm nur verboten, auf diese Fete zu gehen. Ich wusste doch, dass dort Alkohol konsumiert wird. Dann wäre er niemals mit einem Betrunkenen nach Hause gefahren!«
»Wisst ihr, was das heißen würde?«, unterbreche ich mit dem Wissen, dass eine provokante Aussage einen Blickwechsel auf die Selbstvorwürfe schaffen kann. »Die Einzigen hier, die unschuldig sind, sind mein Mann und ich. Unsere Kinder leben schließlich noch.«
Schweigen.
»Also, so kann man das doch auch nicht sagen, Mechthild ...«
Und plötzlich beginnt eine Diskussion: darum, wie realistisch es ist, sich immer richtig zu verhalten; um Dinge, die man vorhersehen kann, und solche, bei denen das nicht möglich ist; um das Risiko, das das Leben mit sich bringt, und inwiefern es Eltern überhaupt möglich ist, ihre Kinder davor zu bewahren.
Im Laufe des Gesprächs wird den Eltern klar, was Menschen von außen leichterfällt zu sehen: dass es nicht ein Mangel an Sorge war, der dazu geführt hat, dass eines ihrer Kinder gestorben ist, sondern einfach – so unbefriedigend das manchmal auch klingen mag – Schicksal. Pech. Manche gläubige Menschen finden Trost in der Vorstellung, dass es der Plan Gottes war, obwohl es mir als Christin schwerfällt zu glauben, dass Gott so etwas Schreckliches planen könnte. An dieser Stelle vertraue ich eher darauf, dass er mich auffängt, da wo ich fassungslos und kraftlos bin, und mir neue Wege aufzeigt.
Klar wird an diesem Abend: Diese Eltern waren nicht weniger achtsam und liebevoll ihren Kindern gegenüber als alle anderen auch. Niemand kann seine Liebsten aus jeder Gefahrensituation heraushalten.

Schuldgefühle können eine schwere Last sein. Sie kreisen zerstörerisch in unseren Gedanken und verhindern, wenn sie dauerhaft sind, einen gesunden Trauerprozess. An ihrem Ende steht keine Lösung, sondern stehen nur Selbstvorwürfe, die uns bescheinigen, dass die Traurigkeit nur die gerechte Strafe für unser Vergehen ist.

Hier einige Vorschläge, was hilfreich sein kann, wenn sich Selbstvorwürfe als besonders hartnäckig erweisen:

Suchen Sie das Gespräch mit Menschen, denen Sie vertrauen. Bei Schuldgedanken kann ein Gegenüber helfen, das Ihnen eine andere Perspektive aufzeigt.

Gestehen Sie sich zu, dass Sie als Mensch auch Entscheidungen treffen, deren Konsequenzen Sie nicht immer absehen können.

Fragen Sie sich, ob Sie wirklich die Möglichkeit hatten, hier etwas zu verändern. Machen Sie sich nicht vielleicht zum Bestimmer über Leben und Tod?

Akzeptieren Sie, dass Sie nicht alles vorhersehen können. Dass jemand einen Unfall hat, der auf dem Weg zu Ihnen ist, konnten Sie nicht ahnen.

Betrachten Sie Ihre Beziehung zum Verstorbenen, und überlegen Sie, ob dieser Ihnen schon zu Lebzeiten häufig Schuldgefühle und ein schlechtes Gewissen gemacht hat.

Überlegen Sie, was Sie dem verstorbenen Menschen Gutes im Leben getan haben.

Fragen Sie sich, ob Sie Ihrer Beziehung zum Verstorbenen gerecht werden, wenn Sie diese auf Ihr Fehlverhalten reduzieren.

Fragen Sie sich, welche Auswirkungen eine Aussöhnung mit dem Geschehen auf Ihr Leben haben könnte. Würden Freude, Mut, Liebe und Lebendigkeit wieder zunehmen?

Der Glaube als Hilfe gegen Schuldgefühle
Auch der Glaube hilft einigen Menschen. Im Christentum spielt der Umgang mit Schuld und Schuldgefühlen eine große Rolle. »Und vergib uns unsere Schuld, wie auch wir vergeben unseren

Schuldigern«, heißt es etwa im Vaterunser, dem zentralen Gebet. Ein Beichtgespräch bietet dem Gläubigen die Möglichkeit, eigene Schuld – ob tatsächliche oder nur gefühlte – auszusprechen. Hier bekommt er nicht nur Vergebung zugesprochen, sondern in einem zusätzlichen Seelsorgegespräch die Möglichkeit, die Schuldgedanken ohne Bewertung gemeinsam anzuschauen und nach Wegen zu suchen, damit umzugehen.

Auch der Besuch einer Trauergruppe, in der man sich mit Menschen austauscht, die Ähnliches erlebt haben, bietet einen geschützten Raum, um über die eigenen Schuldgefühle zu sprechen. In schwerwiegenden Situationen kann man auch die Hilfe eines Psychologen oder eines Therapeuten heranziehen.

Schuldgefühle bei Jugendlichen

Insbesondere Jugendliche in der Pubertät empfinden häufig Schuldgefühle. Das Verhältnis zu Vater und Mutter wird in dieser Zeit völlig neu definiert, sie verspüren häufig eine Distanz, verhalten sich nicht gerade zugewandt. Wenn genau in dieser Zeit ein Elternteil stirbt, haben sie oft intensive Schuldgefühle. Dann benötigen sie unbedingt Bezugspersonen, denen sie vertrauen. Die Bezugspersonen sollten sich nicht scheuen, das Thema direkt anzusprechen, so schwer das häufig auch fällt. Hier ist viel Einfühlungsvermögen gefragt. Natürlich sollte man das Gespräch nicht mit der Frage beginnen: »Und, fühlst du dich schuldig?« Hilfreicher ist es etwa, Beispiele von anderen zu erzählen, denen es ähnlich ergangen ist, vielleicht auch von sich selbst. Warten Sie dabei nicht darauf, dass Jugendliche Schuldgedanken von sich aus benennen. Das würde für sie bedeuten, Schwäche zu zeigen, was vielen in dieser Phase sehr schwerfällt.

Kapitel 14

WIE WIR WIDERSTANDSFÄHIG WERDEN

In meiner Arbeit als Trauerberaterin erlebe ich immer wieder, wie Menschen in tiefe Krisen stürzen. Der Tod eines geliebten Menschen ist mit eines der schwersten Unglücke, das uns zustoßen kann. Menschen bewältigen Verluste sehr unterschiedlich. Während die einen schon nach relativ kurzer Zeit wieder nach vorne blicken, benötigen andere Jahre dafür. Während die einen selbst schwere Verluste verarbeiten, entwickeln andere bei subjektiv empfunden weniger tragischen Ereignissen eine Alkohol- oder Drogenabhängigkeit, ein Aggressionsproblem oder eine Depression.

Was unterscheidet die eine von der anderen Gruppe? Was erlaubt es dem einen, die Krise zu bewältigen, während der andere lange kämpfen muss oder sogar scheitert?

Meiner Beobachtung nach fällt die Bewältigung vor allen denjenigen leicht, die auf ausreichend Kraftquellen zurückgreifen können. Es sind vier Bereiche, in denen Menschen Ressourcen aufbauen können:
- die physische und psychische Gesundheit,
- die Familie und wichtige soziale Kontakte,
- das Finden eines Sinns im eigenen Leben,
- die Arbeit, ob ehren- oder hauptamtlich, und die dadurch erfahrene Anerkennung. Sprich: gebraucht werden.

Wenn diese Bereiche in einer guten Harmonie zueinander stehen, sprechen wir von einer intakten Life Balance. Das meint dabei nicht unbedingt, dass alle vier Bereiche zu gleichen Teilen wichtig sind, sondern vielmehr, dass keiner der Bereiche völlig brachliegt und wir in anderen – das kann je nach Lebensphase und Persönlichkeit variieren – einen guten Schwerpunkt gesetzt haben.

Wenn Menschen in eine Notsituation kommen – Trennung, Erkrankung, Tod, Arbeitsstress oder eine finanzielle Notlage –, verfügen sie in der Regel über ausreichend Ressourcen aus anderen Bereichen, um einen Zusammenbruch zu verhindern. Dann greifen sie auf ihren Glauben, auf intakte Beziehungen, einen erfüllenden Beruf oder auf Hobbys zurück.

Einige Menschen leben aber nur für eine Sache in ihrem Leben: für ihre Beziehung, die Kinder, ein Ehrenamt oder die Fitness. »Ohne mein Kind macht mein Leben keinen Sinn mehr. Wofür und warum soll ich noch leben?«, fragte mich einmal eine Frau, deren Kind verstorben war. Andere sinnstiftende Ressourcen – die Partnerbeziehung, der Beruf, Ehrenamt oder Hobbys – waren ihr verloren gegangen.

»Meine Frau und ich, wir hatten meistens nur uns. Das hat uns gereicht. Aber jetzt, wo sie im Sterben liegt, da merke ich, dass kein Besuch kommt und niemand da ist, der mir hilft, weil es da draußen niemanden gibt, mit dem wir verbunden sind«, sagte ein 49-jähriger Mann, dessen Frau im Hospiz lag.

Es ist wichtig, die wesentlichen Bereiche seines Lebens immer mal wieder in Augenschein zu nehmen und sich zu fragen: Was gibt mir Halt in meinem Leben? Was würde passieren, wenn eines dieser Dinge wegfällt? Habe ich ausreichend andere Ressourcen, auf die ich zurückgreifen kann?

Resilienz

Ein anderer wichtiger Ansatz, der die eigene Widerstandsfähigkeit untersucht, ist die Resilienz. Resilienz beschreibt die psychische Widerstandskraft eines Menschen in der Krise.

Es gibt – je nach Autor – verschiedene Punkte, die einen resilienten, also widerstandsfähigen Menschen beschreiben. Ich möchte Ihnen an dieser Stelle die fünf aus meiner Sicht wichtigsten nennen. Es handelt sich dabei verstärkt um innere, also psychische Faktoren.

Es macht Sinn, bei der Lektüre dieser Punkte für sich zu prüfen: Trifft das auf mich zu? Sicher wird das bei dem einen Punkt mehr, bei dem anderen Punkt weniger der Fall sein. Wenn Sie das Gefühl haben, dass Sie besser vorsorgen möchten und Handlungsbedarf besteht, dann beginnen Sie damit, die unten beschriebenen Haltungen für sich zu trainieren. Hierbei kann eine Gruppe von Gleichgesinnten oder ein gutes Buch eine wichtige Hilfe sein.

1. Die Situation annehmen und akzeptieren
Was an resilienten Menschen auffällt, ist ihre Bereitschaft, die Situation anzunehmen. Die Frage zu stellen: Warum passiert das ausgerechnet mir?, dem Schicksal, Gott und vielleicht auch sich selbst Vorwürfe zu machen, kann zu einem gesunden Trauerprozess mit all den darin vorkommenden Emotionen dazugehören. Aber irgendwann kommen resiliente Menschen zu dem Schluss, dass das Hadern mit der unveränderbaren Situation sie nicht weiterbringt. Dass sie den Warum-Fragen ihr ganzes Leben widmen könnten, ohne jemals eine Antwort zu bekommen.

2. Das Beste aus der Situation machen
Widerstandsfähige Menschen kommen irgendwann von der Frage »Warum?« zu der Frage »Wozu?«. Was bedeutet der Verlust für mich, und welche positiven Dinge – etwa erhöhtes Einfühlungsvermögen, innere Stärke und Unabhängigkeit – kann ich daraus mitnehmen? Anders formuliert: Wie kann ich das Beste aus dem

Schlimmsten machen? Es geht dabei nicht um das Schönreden einer Situation, sondern darum, sie in eine positive Richtung zu verändern. Es ist der Schritt aus der Opferrolle hinaus!

Über das Schicksal können wir nicht entscheiden. Über die Frage, wie wir damit umgehen, jedoch schon. Es geht darum, selbstwirksam Verantwortung für das eigene Leben zu übernehmen und sich nicht zu lange mit dem »was wäre gewesen, wenn ...« aufzuhalten.

3. Dankbarkeit
Die Fähigkeit, uns regelmäßig vor Augen zu führen, was gut ist in unserem Leben, bewahrt uns davor, uns ausschließlich auf den Verlust zu fixieren. In der Trauerarbeit schenke ich Hinterbliebenen oft einen kantigen Stein und eine bunte Feder und stelle ihnen die Aufgabe: »Nimm den Stein in die Hand, und überlege, was heute schwer, traurig oder hart für dich war. Was ist nicht so gut gelungen und hat dich enttäuscht? Benenne es, und lege den Stein ab.

Nimm danach die Feder in die Hand, spüre die Leichtigkeit, und fasse die guten Dinge des Tages in Worte: Was ist dir gelungen, wer oder was hat dir gutgetan? Wen hast du erfreut? Wofür bist du heute dankbar?«

Es gibt Tage, an denen man denkt: Heute gab es keinen einzigen Lichtstrahl! Das sind die besten Gelegenheiten, um Dankbarkeit einzuüben. Es geht nicht darum, Schlechtes schönzureden, sondern darum, im Schlimmsten auch etwas Gutes zu finden. Vielleicht ist es, dass man Butter im Kühlschrank hat, die gute Tasse Kaffee oder der Gutenachtkuss am Ende eines schweren Tages. Gutenachtkuss – das Wort spricht doch schon für sich, oder?!

4. Vertrauen in die Zukunft entwickeln
Nach einem Schicksalsschlag kann es passieren, dass sich in uns Gedanken festsetzen wie: »Immer passieren mir schlechte Dinge!« Oder: »War ja klar, dass es mich trifft!« Resilienten

Menschen gelingt es, solche Gedanken abzuwehren. Ja, es hat mich getroffen – aber das heißt noch lange nicht, dass das wieder passieren muss. Wieso sollten mir keine guten Dinge widerfahren? Sie wissen: Genau wie mich das Unglück treffen kann, kann mich auch das Glück treffen.

5. Gesunde Beziehungen
Eine große Hilfe in Krisen ist es, ähnlich wie bei der Life Balance, wenn wir über ausreichend soziale Kontakte verfügen, die uns jetzt unterstützen können – ob emotional oder ganz praktisch. Wichtig dabei ist auch die Fähigkeit, diese Hilfe anzunehmen. Also offen zu sein, wenn andere sich nach meinem Wohlergehen erkundigen; eine Trauergruppe aufzusuchen, die sich in meiner Nähe trifft.

Als Timo elfeinhalb Jahre alt war, starb sein Vater an einem Herzinfarkt. Die Mutter starb ein halbes Jahr später an Krebs.

David war neun Jahre alt, als sein Vater an einer Blutvergiftung starb. Sechs Jahre später starb seine Mutter an Krebs.

Viki war 15, als ihre Eltern im Abstand von einem halben Jahr starben.

Alle drei besuchten nach dem Tod des ersten Elternteils die Kindertrauergruppe und sagen heute rückblickend – sie sind mittlerweile 19, 20 und 24 Jahre alt –, dass Reden und Austausch dort wichtig gewesen wären; dass es ihnen gutgetan habe zu spüren, dass sie nicht alleine waren. Alle drei haben ihr Abitur geschafft und arbeiten neben dem Studium im Ehrenamt. Auf die Frage, ob sie das Gefühl haben, dass es ihnen schlechter geht als anderen, antworten sie: »Nein. Es gibt viele Menschen, denen es schlechter geht.« Und dann zählen sie auf: Flüchtlinge; Kinder, die keine guten Eltern haben; Menschen, die Probleme haben und darüber nicht reden können ... Die drei sind für mich zum Vorbild geworden, wenn es um Resilienz geht!

NACHWORT

Viele Menschen, die einen schweren Verlust erlitten haben, erinnern sich im Rückblick an diesen einen besonderen Moment. Wenn sie nach Monaten des Schmerzes und der Trauer wieder einmal an den Verstorbenen zurückdenken – und plötzlich feststellen: Der Gedanke erfüllt sie mit Liebe, mit Dankbarkeit. Ebenso freut es sie, wenn sie ihren eigenen Wandel und ein gewachsenes Selbstbewusstsein betrachten. Und der Schmerz, der sie so lange Zeit gequält hat und dem sie zwischendurch meinten, niemals mehr entkommen zu können, hat sich in Weh-Mut verwandelt. Den Mut, sich im Weh auf veränderte und neue Wege aufzumachen, mit dem Verstorbenen im Herzen.

Es sind die Zeiten, in denen die Trauer ihren Zweck erfüllt hat. Wenn die Trauerarbeit geleistet ist, der Berg aus Kummer abgetragen wurde und die Wunde verheilt ist.

Ja, es stimmt, eine Resttrauer kann bleiben. Eine Narbe, die hin und wieder empfindlich ist, etwa am Geburtstag des Verstorbenen oder an gemeinsamen Jahrestagen. Und das ist o. k. so. Es ist ein Gefühl, das wir bis ans Ende unseres Lebens mit uns tragen können, das uns daran erinnert, was uns der Mensch mit seinem Leben und Sterben bedeutet und gelehrt hat, aber das uns nicht länger bestimmt. Das nennt man auch Liebe.

Ich hoffe, die Anregungen und Geschichten in diesem Buch waren Ihnen eine Hilfe auf dem Weg dorthin. Und wenn Sie noch unterwegs sind und nicht glauben können, diesen Punkt jemals zu erreichen, dann halten Sie durch. Er wird kommen.

Ihre Mechthild Schroeter-Rupieper

DANKE

Danke sagen möchte ich all den Menschen, die mir in der Trauerarbeit, sei es in den Einzel-, Familien- oder Gruppengesprächen, offen gegenübertreten und es gutheißen, wenn ich über ihre und unsere Erfahrungen berichte.

Danke an meine Familie, die mir nicht nur Rückhalt durch Nähe, sondern auch durch reflektierte Rückmeldungen gibt.

Danke an Stefan Wiesner und Nicolas Koch, die mit mir den spannenden Weg gegangen sind, die erlebten und lehrreichen Geschichten in ein Buch über Sterbe- und Trauerbegleitung einzubinden. Ihre Impulse und Gedankenbilder waren mir in meiner Schreibzeit wertvoll.

Danke an mein großartiges Team von Trauerbegleitern und Trauerbegleiterinnen, die die Familien-Trauerarbeit von LAVIA so hoffnungsvoll und lebensmutig mitgestalten.

Danke an Caren Baesch, die mich als Kollegin und alternative Bestatterin beim Kapitel über Bestattungen unterstützt hat.

Danke an Leandra Fahr und Marike Johnsdorf, die mir als angehende Psychologinnen mit Trauergruppenerfahrung ein Feedback zu den psychologischen Beschreibungen gegeben haben.

Danke auch an David, Sabine, Ulrike, Steffi, Franzi und Kathy, die als betroffene Ehepartner und Töchter das Kapitel zum Suizid gegengelesen haben.

Danke an meine Bamberger Kollegin Alexandra Eyrich, mit der ich die praxiserprobte Qualität der Familien-Trauerarbeit für die Weiterbildung kontinuierlich weiterentwickle. Unser Trauerbegleitungskonzept lehren wir mittlerweile bundesweit und geben es auch international an Fachleute unter unserem Gütesiegel »Familien-Trauerbegleitung« weiter.

Und danke an die Unterstützer und Unterstützerinnen, die durch kreative Ideen und weitere Hilfen die Familien-Trauerarbeit erst möglich machen: Volker, Sevgim, Alfred, Sabrina, Christiane, Stefan, Guntram, Ingrid, Ferdinand, Yvonne, Dennis, Ihsan, Hubl, Maria, Ralf, Sr. Johanna und so viele mehr!

Wer unsere Vor-Ort-Arbeit im Ruhrgebiet finanziell unterstützen möchte, kann das gerne mit einer einmaligen oder andauernden Förderung tun:
LAVIA Familien-Trauerbegleitung gGmbH
Kontonummer: IBAN DE74 3606 0295 1001 3390 16
BIC: GENODED1BBE
www.lavia.de

Gemeinsam können wir an der Idee der Familien-Trauerarbeit mitwirken und die Gefahr von Burn-out, Mobbing, Panikattacken und Depressionen verringern. Danke dafür!

Foto: © Angelika Wesner

Mechthild Schroeter-Rupieper, Jahrgang 1964, lebt mit ihrem Mann und ihren drei Söhnen in Gelsenkirchen. Als Begründerin der Familientrauerarbeit in Deutschland, als Mitbegründerin in Österreich und der Schweiz ist sie europaweit als Fortbildungsreferentin tätig. In Vorträgen und Seminaren bietet die seit 1992 erfahrene Familientrauerbegleiterin Hilfestellungen in Trauer- und Trennungssituationen.

www.familientrauerbegleitung.de

Besuchen Sie uns im Internet:
www.bene-verlag.de

Aus Verantwortung für die Umwelt hat sich die Verlagsgruppe Droemer Knaur zu einer nachhaltigen Buchproduktion verpflichtet. Der bewusste Umgang mit unseren Ressourcen, der Schutz unseres Klimas und der Natur gehören zu unseren obersten Unternehmenszielen.
Gemeinsam mit unseren Partnern und Lieferanten setzen wir uns für eine klimaneutrale Buchproduktion ein, die den Erwerb von Klimazertifikaten zur Kompensation des CO_2-Ausstoßes einschließt.
Weitere Informationen finden Sie unter: www.klimaneutralerverlag.de

Die Bibelzitate sind entnommen aus: Lutherbibel, revidiert 2017, © 2016 Deutsche Bibelgesellschaft, Stuttgart

© 2020 bene! Verlag
Ein Imprint der Verlagsgruppe Droemer Knaur GmbH & Co. KG, München
Alle Rechte vorbehalten. Das Werk darf – auch teilweise – nur mit Genehmigung des Verlags wiedergegeben werden.
Lektorat: Nicolas Koch
Covergestaltung: Maike Michel unter Verwendung einer Abbildung von Shutterstock/Yuliya-Derbisheva-VLG
Satz: Maike Michel
Druck und Bindung: CPI books GmbH, Leck
Printed in Germany
ISBN 978-3-96340-064-3

5 4 3 2